AF591981

ESPRIT

DE

LA LOI DE L'INDEMNITÉ,

TIRÉ

DE LA DISCUSSION DE CETTE LOI

DANS LES DEUX CHAMBRES.

IMPRIMERIE DE J.-L. CHANSON,
RUE DES GRANDS-AUGUSTINS, N° 10.

ESPRIT

DE

LA LOI DE L'INDEMNITÉ,

TIRÉ

DE LA DISCUSSION DE CETTE LOI

DANS LES DEUX CHAMBRES.

Ouvrage contenant : 1° une Introduction où se trouve un Aperçu historique sur l'Émigration ; 2° le texte de la Loi de l'Indemnité ; et, après chaque article, la discussion qui s'y rattache ; 3° l'Ordonnance d'exécution de la Loi de l'indemnité ; 4° l'Ordonnance portant nomination des Membres de la Commission de Liquidation ; 5° des formules d'actes.

PAR MM. P^IN. BARATIER ET L. L. CHARRIER,

DOCTEUR EN DROIT, AVOCAT A LA COUR ROYALE DE PARIS.

Leges scire non earum verba tenere, sed vim et potestatem. L. 17. ff de Legib.

A PARIS,

CHEZ CHANSON, IMPRIMEUR-LIBRAIRE,

RUE DES GRANDS-AUGUSTINS, N° 10.

ET CHEZ LES AUTEURS, RUE DE LA HARPE, N° 29.

1825.

ABRÉVIATIONS.

Ch. D.... signifie, Chambre des Députés.

Ch. P.... — Chambre des Pairs.

S. 3 janv. monit. n. 4... — Séance du 3 janvier, moniteur, numéro 4.

La lettre *D*. après un nom propre... — Député.

La lettre *P*... — Pair.

Exposé des motifs D.... — Exposé des motifs, par le Commissaire du Roi à la Chambre des Députés.

Exposé des motifs P... — *Idem* à la Chambre des Pairs.

Rapport D...— Rapport de la Commission de la Chambre des Députés.

Rapport P... — idem de la Chambre des Pairs.

C. C... — Code Civil.

C. P... — Code de procédure civile.

S. 20. 2. 130... — Journal de Sirey, tome 20, partie 2e, page 130.

Ordon. 20. 35... — Ordonnance du 1er mai 1825, sur l'exécution de la loi de l'indemnité, articles 20 et 35.

L. 10. 15... — Loi de l'indemnité, articles 10 et 15.

INTRODUCTION.

Tant d'intérêts se rattachent à la Loi de l'indemnité, qu'un ouvrage destiné à en faciliter la connaissance et l'application, est sans doute en ce moment d'une utilité incontestable.

On ne saurait, en effet, se dissimuler les difficultés que présente cette loi. Source de bien et de réparation dans l'intention de son auteur, elle peut tromper ses espérances et devenir, dans son exécution, une source intarissable de querelles, de haines, de divisions, d'injustices..... ; et ce n'est pas sans de vives appréhensions sur de tels résultats, qu'on a entendu plusieurs orateurs s'écrier dans les deux Chambres : « La loi de l'indemnité donnera naissance à de grands abus .... Elle ouvrira la porte à des procès éternels.... Elle suscitera une foule de questions épineuses.... La position des magistrats sera vraiment embarrassante...... Leur conscience reculera devant un cahos de difficultés... etc.

Pour écarter de si funestes présages, le plus sûr moyen est sans doute, l'exécution rigoureuse et invariable de la loi. Car, si, imparfaite comme le sont tous les ouvrages des hommes, la loi de l'indemnité n'est pas exempte des inconvéniens inséparables des grandes mesures; bien comprise, bien entendue, elle offre néanmoins des garanties rassurantes.

Mais pour la bien exécuter, cette loi, il faut d'abord la connaître: pour la connaître, il ne suffit pas d'en posséder vaguement le texte; c'est de son esprit qu'il faut se pénétrer; c'est sa cause, son étendue, ce sont ses motifs, ses conséquences, qu'il faut étudier, approfondir. Tout cela se trouve dans la discussion qui l'a préparée. C'est là qu'on découvre, on l'a déjà dit, *la pensée intime* du législateur : c'est là aussi que nous l'avons cherchée; c'est dans une source aussi pure et aussi respectable, que nous avons puisé nos explications et nos développemens.

Démontrer dans quel but, la loi de l'indemnité a été portée, en faire connaître le sens, l'esprit, le mode d'exécution, en un mot *vim et potestatem*, voilà l'objet de ce livre.

Nous avons suivi la méthode adoptée dans les discussions législatives. Elle est à la fois claire, simple, et très-appropriée à un ouvrage qui doit en présenter le résumé.

Nous avons donc énoncé, d'abord, l'article textuel de la loi; nous en avons ensuite indiqué les différences avec celui du projet, en suivant l'ordre des dispositions ; nous avons exposé, dans le même ordre, les amendemens proposés, les motifs de rejet des uns et d'adoption des autres ; enfin nous avons tâché de faire apercevoir ce qu'on a voulu éviter, ce qu'on a voulu obtenir.

Si les discussions qui préparent les lois, ont toujours été pour les magistrats, un foyer de lumières et une autorité imposante ; elles doivent leur servir ici de règle invariable, être leur guide, leur oracle ; car il s'agit d'une législation nouvelle, d'une exception au droit commun, d'une loi enfin, dans la formation de laquelle le législateur a été, selon l'expression d'un jurisconsulte, « forcé en quelque sorte, d'anticiper sur l'expérience, et de suppléer par la méditation aux connaissances que la jurisprudence n'avait pas encore révélées. »

Pour compléter notre travail, nous avons ajouté en divers lieux, quelques explications puisées dans la législation et dans la jurisprudence anciennes et nouvelles, et nous nous sommes livrés aux observations qui ressortent des diverses dispositions de la loi, et qui sont le fruit d'un examen approfondi.

Toutefois, de crainte de dénaturer les intentions des législateurs en altérant leurs discours, nous avons, autant que possible, conservé, en les résumant, leurs propres expressions; et comme une certaine influence est justement attachée à certains noms, nous avons eu soin d'indiquer avant ou après chaque extrait d'un discours, le nom de son auteur. Nous avons même rappelé quelques circonstances particulières à la discussion, persuadés qu'elles peuvent contribuer à éclairer sur l'intention des Chambres, et à faire apprécier plus justement les dispositions de la loi qui s'y rapportent.

S'agissant d'une loi qui a été envisagée, par les uns, comme une loi de paix et de réparation; par les autres, comme une loi d'exception et de discorde, peut-être devrait-on craindre de s'engager dans une lutte aussi périlleuse qu'intempestive; mais une circonstance nous rassure. En écrivant aujourd'hui sur la loi de l'indemnité, nous n'avons pas à nous occuper de son principe. Tant que son adoption a été un problême, il a pu être porté des jugemens divers sur un projet si vivement attaqué, si vivement défendu; mais le caractère de loi qu'il a acquis depuis, écarte désormais toute censure. En France, les Chambres, discutent et préparent les lois. Les jurisconsultes les commentent et les expliquent. Celles-là examinent ce qui doit être; ceux-ci ce qui est. C'est aussi ce à quoi nous nous sommes bornés dans cet ouvrage. Si quelquefois, l'affinité des dispositions d'une loi avec les motifs qui l'ont dictée, nous a entraînés dans des développemens du domaine de la politique; contents d'y trouver les éclaircissemens désirés, nous avons évité tout ce qui peut renouveler de pénibles souvenirs.

Indiquer l'origine d'une loi, développer la cause qui y a donné lieu, a toujours été le vrai moyen de mettre le lecteur à même d'en bien juger les dispositions. Nous le lui offrirons ici. Un Aperçu sur l'émigration, en l'éclairant sur cette époque à jamais désastreuse, lui apprendra quels maux on a voulu réparer, et le guidera dans l'examen des moyens employés pour y parvenir.

« A cette époque de douloureuse mémoire,
« qui sépara la famille de nos Rois et la terre
« de la France, dit M. le commissaire du Roi
« (Exposé des motifs D.), le cœur des hommes de
« bien fut incertain et partagé. Les uns jugèrent
« que la prudence, les intérêts du trône et du
« pays, les attachaient au sol brûlant, mais tou-
« jours cher de la patrie; d'autres virent l'hon-
« neur sur la terre étrangère, où une royale
« infortune avait cherché un asile, et où la
« fidélité sembla devoir suivre le malheur. Un

« grand nombre de Français quittèrent alors (*)
« leur pays, déjà menacé de tous les maux qu'en-
« traîne après soi l'anarchie. »

« Des actes sévères et menaçans rappelèrent
« en France ceux qui s'en étaient éloignés... etc.

En effet, pour arrêter les progrès alarmans de l'émigration, l'assemblée législative déclara, le 9 novembre 1791, « que les Français rassemblés sur la frontière étaient suspectés de conjuration contre la patrie ; que si, au 1er janvier 1792, ils étaient encore en état de rassemblement, ils seraient traités en conspirateurs, deviendraient punissables de mort, et qu'après leur condamnation par contumace, les revenus de leurs biens seraient perçus au profit de l'Etat. »

Le roi, Louis XVI, refusa d'abord de sanctionner ces mesures, mais cédant bientôt aux instances de l'Assemblée, il annonça qu'il ferait déclarer aux princes de l'Empire, que, si avant le 15 janvier, tout attroupement et toutes dispositions hostiles de la part des réfugiés français ne cessaient dans leurs Etats, il ne verrait plus en eux que des ennemis.

(*) La première émigration eut lieu le 15 juillet 1790. Le nombre des émigrés se porte, d'après les listes imprimées formant quinze vol., à environ cent trente mille.

Toutes les démarches faites à ce sujet furent sans effet ; et dès le 9 février 1792, l'Assemblée DÉCRÉTA « que les biens des émigrés étaient mis « sous la main de la nation, et sous la surveil- « lance des corps administratifs. »

Un décret du 20 mars suivant, pourvut à l'administration des biens des émigrés, et accorda à ceux-ci un délai d'un mois pour rentrer en France, et les recouvrer.

Un autre décret du 27 juillet 1792, prononça « la confiscation et la vente au profit de la nation, de tous les biens mobiliers et immobiliers des émigrés. »

La convention porta plus loin la sévérité.

Par une première loi du 23 octobre 1792, elle déclara les émigrés bannis à perpétuité du territoire français. — Et réunissant bientôt dans une loi générale, toutes les dispositions et mesures prises jusqu'alors, elle renouvella le 28 mars 1793, la peine de bannissement contre les émigrés, les déclara morts civilement, par suite leurs biens acquis à l'Etat, et détermina encore les effets de l'émigration, relativement aux successions, donations, obligations... etc., concernant les émigrés.

Cette même loi ordonna qu'il fût dressé des listes des émigrés, et indiqua un délai fatal à ceux qui y figureraient, pour réclamer contre leur inscription.

Survinrent successivement plusieurs autres lois qui déterminèrent avec plus de précision, quels étaient ceux qui devaient être considérés comme émigrés, et indiquèrent la manière de dresser les listes, et de procéder sur les réclamations faites par les inscrits ou prévenus d'émigration (Voir art. 1er, not. 11).

Il fut encore rendu une foule de lois et de décrets qu'il est inutile de rapporter ici.

Enfin, par un acte du 6 floréal an 10, le Sénat décréta sur la proposition du gouvernement, une amnistie générale pour fait d'émigration (*).

Ce décret imposait certaines conditions (**), contenait quelques exceptions (***).

Quant aux biens des émigrés, il déclarait ceux-ci irrecevables à attaquer tous actes y relatifs, faits entre l'Etat et les particuliers. Il ordonnait la délivrance de ceux de leurs biens alors en disponibilité entre les mains de l'Etat.

A la restauration, la Charte confirma cette première disposition, en déclarant inviolables les propriétés *dites* nationales.

(*) Voir article 1er note 11.

(**) *ibid.*

(***) L'ordonnance du 3 février 1819, porte que l'art. 16 du Sénatus-Consulte du 6 floréal an 10 ne s'applique qu'aux transactions faites avec des tiers, et non point à ce qui aurait le caractère d'un jugemt.

Une loi du 5 décembre 1814 reproduisit la seconde pour les biens encore invendus, en l'étendant à toutes les familles des émigrés. Cette loi leur fit en outre, l'abandon des portions des prix de vente qui n'étaient pas encore entrées dans les caisses du domaine.

C'est dans cet état de choses, que le projet de loi sur l'indemnité fut présenté à la Chambre des Députés. Il était daté du 29 décembre 1824, et contenait 6 titres divisés en 20 articles.

M. de Martignac, ministre d'Etat, directeur général de l'enregistrement et des domaines, et l'un des commissaires nommés par le Roi, en exposa les motifs dans la séance du 3 janvier 1825 (Monit. n° 4).

Une commission fut nommée, et M. Pardessus, un de ses membres, en fit son rapport à la Chambre, dans la séance du 11 février suivant. (Mont. n. 43, suppl.)

La discussion sur l'ensemble du projet de loi, fut ouverte le 17 février, et close le 24 par le résumé du rapporteur.

Celle sur les articles, comprit les séances des 24. 25. 26.... 28. février. 1. 2. 3. 4. 5.... 7. 8. 9. 10. 11. 12.... 14 et 15 mars. — (Monit. n^{os} de 56 à 75 inclusivement.

La loi fut adoptée ledit jour, 15 mars (Monit. n° 75), après avoir subi plusieurs modifications et une augmentation de trois articles.

Résultat du scrutin secret. { Boules blanches. . 259 / *id.* noires.. . . 124 } 383

Majorité. . . 135

Le lendemain 16 mars, la loi fut portée à la Chambre des Pairs, qui nomma une Commission dont le rapporteur, M. le comte Portalis, exposa le travail à la Chambre, dans la séance du 6 avril suivant.

Discussion sur l'ensemble de la loi : — Séances des 11, 12, 13 et 14 avril : — *Idem* sur les art., séances des 15. 16.... 18. 19. 20 et 21 avril. (Monit. n°s 107. 108. 109. 110. 111. 112.)

Résultat du scrutin. . . . { Boules blanches. . 159 / *id.* noires. . . 63 } 222

Majorité. . . 96

La Loi fut augmentée, par la Chambre des Pairs, d'une disposition formant l'art. 24, et modifiée dans les art. 1 et 23. — Pour cet objet, elle fut reportée à la Chambre des Députés le 22 avril, discutée et adoptée dans la séance du lendemain 23.

Résultat du scrutin. . . . { Boules blanches. . 221 / *id.* noires.. . . 130 } 351

Majorité. . . 91

La Loi de l'indemnité fut insérée au Bulletin des Lois, et promulguée le 27 avril 1825.

Le 1er mai suivant, fut publiée l'Ordonnance du Roi pour l'exécution de cette loi, et le 9, celle portant nomination des membres de la Commission de Liquidation (Voy. ces ordon. à la fin de l'ouvrage).

COMPOSITION DU MINISTÈRE

Sous lequel la Loi de l'Indemnité a été portée.

Départemens
- des affaires étrangères : M. le baron de Damas.
- de l'intérieur : M. le comte de Corbière.
- des finances : M. le comte de Villèle, prés. du cons.
- de la justice : M. le comte de Peyronnet.
- de la guerre : M. le marq. de Clermont-Tonnerre.
- de la marine : M. le comte Chabrol de Crouzol.
- de la maison du Roi : M. le duc de Doudeauville.
- des aff. ecclés. : M. de Frayssinous, év. d'Hermopolis.

ESPRIT
DE LA LOI DE L'INDEMNITÉ,

TIRÉ

DE LA DISCUSSION DE CETTE LOI

DANS LES DEUX CHAMBRES.

Loi concernant l'Indemnité à accorder aux anciens Propriétaires des Biens-Fonds confisqués et vendus au profit de l'État, en vertu des Lois sur les Émigrés, les Condamnés et les Déportés.

Charles, par la grâce de Dieu, Roi de France, etc., etc.

TITRE PREMIER.

De l'allocation et de la nature de l'Indemnité.

ARTICLE PREMIER.

Trente millions de rente, au capital d'un milliard (1), sont affectés (2) à l'indemnité due (3) par l'État (4) aux Français (5) dont les biens-fonds (6) situés en France, ou qui faisaient partie du territoire (7) de la France, au 1er janvier 1792 (8), ont été confisqués (9) et aliénés (10), en exécution des Lois sur les Émigrés (11), les Déportés et les Condamnés révolutionnairement (12).

Cette indemnité est définitive, et, dans aucun cas, il ne pourra y être affecté aucune somme excédant celle qui est portée au présent article (13).

---

(1) *Trente millions de rente au capital d'un milliard....* L'article Ier du projet de loi ne fixait pas le montant de l'indemnité, On y lisait : Il est alloué une indemnité.... L'article 6 seul en réglait la quotité. La commission D. fixa, comme principe, cette quotité dans l'art. 1er. Cette rédaction, dit le rapport, déclarant plus exactement l'intention, et garantissant que la totalité de la somme serait consacrée sans réserve à l'acquittement de la dette.

Cet amendement fut combattu par un député (M. Bonnet), qui prétendit qu'on devait statuer, d'abord, sur le principe de l'indemnité, puis, sur sa quotité;—et par M. Casimir Perrier, D., qui réclama le renvoi de la création des rentes et du capital, aux art. 5 et 6 ; leur fixation dans l'art. 1 préjugeant ces deux articles, et surtout la loi sur l'amortissement. (Monit., n° 58.)

Entr'autres amendemens présentés à ce sujet dans les deux Chambres, on en proposa deux dans celle des Pairs (S. 15 avril, Monit., n° 107), ayant pour objet de changer entièrement le système d'indemnité de la loi. Le premier, de M. le comte Roy, affectait à l'indemnité, au lieu de trente millions de rente au capital d'un milliard, une rente de 37,500,000 francs au capital, de 750 millions, (5. o/o.) — Le deuxième, de M. le duc de Choiseul, en allouant pour l'indemnité 30 millions de rente, au capital de 600 millions, divisait cette somme en deux parties égales, dont l'une serait destinée à indemniser les anciens propriétaires d'immeubles ou de rentes confisquées révolutionnairement, et l'autre à réparer les pertes éprouvées par des Français dans la Vendée, à Lyon, à Toulon et autres lieux.

Ces amendemens furent rejetés.

(2) *Sont affectés....* M. Agier, D., proposa d'ajouter ici, *en forme de transaction légale*; cette proposition fut rejetée, comme ne pouvant y avoir de transaction avec la loi.

(3) *Due...* aux Français. Ce mot fut substitué, sur la demande d'un député (M. Bacot de Romans, S. 26 février, Monit., n° 59), au mot : *des Français*, qui se trouvait dans le projet. « L'indemnité, dit-il, est une dette; la violence a dépossédé plusieurs classes de Français; la légitimité a prononcé l'expropriation définitive de leurs biens pour cause de haute nécessité; mais cette expropriation n'a pu avoir lieu qu'à la charge d'en payer l'indemnité.... Si l'on prouve que l'indemnité n'est pas *due*, ce ne sera plus qu'une libéralité, un acte de munificence, un acte de grâce, et alors il faudrait en opérer la répartition sur d'autres bases que celles de la valeur des biens confisqués, il faudrait en réduire le montant, et n'y faire participer que les familles dévouées et fidèles... »

Un pair *, demanda la suppression du mot *due*, comme renfermant le principe d'une obligation rigoureuse, et autorisant des prétentions immodérées, etc.... « A quel titre, en effet, dit-il, s'il s'agit du droit rigoureux, prétendre exclure de l'indemnité une multitude de Français, dont la spoliation n'est pas moins révoltante que celle des propriétaires des biens-fonds. » — M. le ministre des finances répondit, que ce mot exprimait une idée juste, et qu'à proprement parler, l'indemnité était *due*; car ce n'était pas en pur don que la loi disposait d'un milliard, mais pour réparer l'injustice des confiscations.

(4) *Par l'Etat....* Ces mots furent ajoutés par la commission de la Chambre des Pairs, « afin, dit le rapporteur, de lever toute équivoque, et de ne laisser aucune inquiétude à la bonne foi timide et ignorante, ni aucun prétexte à la malveillance. — L'expropriation, ajouta-t-il dans le résumé de la discussion, fut faite par l'État; elle fut ordonnée en son nom; c'est lui qui la maintient, c'est donc l'Etat seul qui doit l'indemnité; il faut qu'il soit reconnu que les nouveaux propriétaires ne sont obligés à rien. »

De quoi s'agit-il? dit un pair **. De faire d'un acte de justice, un moyen de paix et de conciliation. Pour y parvenir, il faut que la loi qui reconnaît la nécessité de l'indemnité, soit rédigée de manière à ne laisser aucun doute sur celui ou sur ceux qui la doivent

* M. le marquis de Pange, séance du 18 avril 1825, monit. n. 110.

** Séance du 18 avril, monit. n. 110.

fournir; si l'on s'en tenait aux principes généraux de l'équité, il faudrait décider que ceux-là doivent indemniser les spoliés, qui ont profité de la spoliation. Or, ici le profit a été partagé entre l'Etat, qui a confisqué, et les acquéreurs qui ont reçu de lui la propriété. Sans les lois qui ont confirmé cette transmission, ces derniers auraient pu, ils auraient dû même, être appelés à contribuer à l'indemnité; la malveillance peut s'emparer de cette idée toute naturelle, pour éveiller des craintes et des prétentions également fondées. Ce sont ces craintes et ces prétentions qu'il faut détruire.

M. le comm. du Roi dit contre l'amend.: Toute disposition dans une loi, suppose une nécessité à satisfaire, un droit à reconnaître, ou un doute à prévenir; or ici, pour qu'il y eût nécessité, ou même simple doute, il faudrait que l'on pût supposer que l'Etat n'est pas le débiteur. Mais, une pareille supposition est impossible en présence de la Charte. Si, en effet, l'Etat n'est pas le débiteur, on ne peut en trouver d'autre que l'acquéreur, et dès-lors les propriétés que la Charte a garanties cessent d'être inviolables; les distinctions qu'elle a voulu effacer renaissent, et avec elles, toutes les divisions et les haines qui en sont la suite. Il n'en peut être ainsi: l'art. 9 de notre pacte fondamental ne permet aucune supposition de ce genre. L'acquéreur d'un bien national qui a payé son prix, est aussi bien propriétaire que l'acquéreur d'un bien patrimonial, qui a la quittance de son vendeur; l'un ne peut pas plus être recherché que l'autre; la Charte est sa sauve-garde, et vouloir lui en donner une autre, ce serait faire croire que celle-là n'offre pas une garantie suffisante; déclarer qu'une loi est nécessaire pour prêter secours à la Charte, c'est exciter les inquiétudes.

(5) *Aux Français*.... Ceux donc qui auraient perdu cette qualité, soit par la naturalisation acquise en pays étranger, soit par tout établissement fait hors de la France, sans esprit de retour, soit par l'acceptation non autorisée par le Roi, de fonctions publiques, ou de service militaire dans un gouvernement étranger, n'auront rien à prétendre sur l'indemnité. La teneur même de la loi les exclut du bénéfice de cette indemnité, dont le but, dit le rapporteur, D, est à la fois personnel et réel. *Réel*.... V. p. 15 —*Personnel*.... en ce qu'elle n'appartient qu'à ceux qui sont Français actuellement; d'où il suit, que l'on ne pourra considérer comme ayant droit à l'indemnité, les personnes qui, françaises à l'époque de la confiscation, ont cessé de l'être depuis. (Voir les exceptions portées en l'art. 23.)

(6) *Dont les biens-fonds*.... La loi ne s'applique qu'aux biens-fonds ou immeubles, c'est-à-dire, suivant l'art. 518, C. C., aux fonds de terre et bâtimens. L'exposé des motifs, D., justifie ainsi cette disposition restrictive :

« Sans doute que ceux que la révolution a frappés dans leur état, dans leur fortune mobilière, ceux qui ont souffert de la guerre, conserveront de leurs pertes un souvenir pénible et douloureux, mais le ressentiment qu'ils éprouvent, n'a pas au moins d'objet particulier et présent; c'est la loi, c'est l'Etat, c'est la guerre qu'ils accusent. Leurs malheurs n'ont pas laissé dans des mains étrangères, des monumens toujours subsistans, destinés à frapper constamment leur vue, et à servir comme de plaintes continuelles, et de reproches éternels. De pareils souvenirs s'effacent, mais la confiscation immobilière n'est pas une de ces calamités dont la trace soit fugitive. Elle produit un souvenir vif et profond, sans cesse présent, sans cesse renouvelé, qui s'identifie avec le sol, qui se perpétue avec lui, et qui, pour avoir sommeillé quelque temps, n'en est pas moins toujours prêt à se ranimer. »

En conséquence, on rejeta les amendemens de MM. Breton et Hyde-de-Neuville, D., ayant pour but de faire comprendre dans l'indemnité, les rentes perpétuelles sur l'Etat.

Il en fut de même de la disposition présentée par M. le comte Duparc, D. (S. 28 février, Monit., n° 60.), tendante à ce que les rentes *purement foncières*, provenant de la cession ou aliénation d'immeubles, notamment celles qui avaient été créées sous la réserve d'entrer en possession à défaut de payement, fussent regardées comme propriétés immobilières*.

Il s'agit du sol actuel de la France, dit M. le ministre de l'intérieur, et non de ce qui pouvait avoir le nom de droits immobiliers sous l'ancienne jurisprudence. — Il s'agit seulement de remédier au mal qu'a produit la

---

* La loi du 24 août 1793, art. 161, les assimila aux créances purement mobilières; l'art. 529, C. C., les déclare meubles par la détermination de la loi.

confiscation des biens, en dépréciant une partie du sol, et en entretenant des divisions fâcheuses entre ceux qui l'habitent. (Min. Fin., Monit., n° 110).

Le principe de la loi, dit le rapporteur de la comm., D., est d'indemniser pour l'objet même confisqué, et non pas pour le prix de l'objet. Il ne s'agit pas maintenant de justifier les lois qui se sont emparées de ces créances; il s'agit tout simplement de dire, que l'on a posé la limite; que l'on ne prétend indemniser que les biens-fonds, et il n'est pas possible, sans blesser l'acception des mots, de dire qu'on peut appeler biens-fonds, des rentes dues pour des biens-fonds.

En vain, on soutint que les rentes foncières, telles qu'elles étaient constituées en Normandie, étaient de véritables immeubles, puisqu'elles avaient constamment été susceptibles d'hypothèques, jusqu'à la promulgation du Code civil, qui était postérieure à la confiscation; que dès lors, cette classe d'émigrés rentrait dans l'objet du projet de loi, et devait avoir droit à l'indemnité. — M. le ministre de l'Intérieur répondit: Que le but de la loi était d'imposer une charge à la généralité des Français, pour faire une chose utile aussi à la généralité des Français, en faisant cesser une plaie dont était frappée la propriété du sol; qu'il ne s'agissait donc que du sol et non pas de ce qui était considéré comme propriété immobilière, d'après telle ou telle coutume de telle contrée de la France.

Quid des domaines congéables *? Ces biens sont

---

* Les domaines congéables sont des héritages dont le propriétaire concède la jouissance sans aliéner autre chose que les édifices qui s'y trouvent, et qu'il peut racheter à l'estimation lorsqu'il le desire.

compris dans la loi d'indemnité; c'est dans ce sens qu'a été conçu et rédigé le projet de loi, dirent le commissaire du Roi et le rapporteur (Ch. P., S. 18 avril; Monit., n° 110.), l'article s'applique aux biens-fonds, et les domaines congéables sont de ce nombre. La propriété ne cesse pas de résider sur la tête du bailleur, et si une loi de 1792 méconnut ce principe, en attribuant au domaine la propriété du fonds, comme dans le bail à rente foncière, une loi postérieure l'a abrogé à cet égard; les propriétés de ce genre ont toujours été regardées comme propriétés foncières, dans l'exécution des lois sur l'impôt, et des lois sur le droit électoral.

C'est d'après ces explications, dont l'impression fut ordonnée, que le comte de Kergolay, P., retira l'amendement qu'il avait proposé à cet effet.

Quid à l'égard d'un usufruit? — Il ne s'agit pas ici de l'usufruit dû à un Français non émigré, sur les biens d'un émigré. Les lois des 21 germinal an 3, 26 nivôse an 6, ont réglé les droits des particuliers à cet égard. Il s'agit de l'usufruit appartenant à un émigré sur les biens d'un autre émigré. Ainsi celui qui, par suite de son émigration et de la confiscation, a été privé de l'usufruit qu'il avait sur des biens appartenans à des émigrés, déportés, etc., peut-il réclamer dans l'indemnité, une part proportionnelle à la perte qu'il a éprouvée? — Quoique juste, à certains égards, cette demande paraît repoussée par les termes mêmes de la loi, et par l'esprit dans lequel elle a été conçue. En effet, on n'a voulu réhabiliter que la propriété immobilière par sa nature, et les motifs qui ont fait rejeter les propositions touchant les rentes constituées ou foncières, s'appliquent ici dans toute leur force.

D'autre part, il n'est alloué aux anciens propriétaires, aucune indemnité pour la *non jouissance* de leurs biens, depuis la confiscation. La loi ne leur accorde qu'un capital représentatif du prix de ces biens; or, l'usufruit n'est autre chose qu'une jouissance *. L'usufruitier qui en a été privé, doit subir le même sort que le propriétaire à qui elle a été enlevée en même temps que son immeuble, dont la valeur capitale, on le répète, lui est seule rendue aujourd'hui. On a fait, dans l'art. 18, l'application de cette règle aux créanciers des émigrés. La loi ne les autorise à réclamer que le capital de leurs créances. Elle ne leur alloue aucun intérêt. Le gouvernement ayant joui des biens confisqués ou de leur prix, devrait seul tenir compte d'un intérêt qui est la représentation de cette jouissance, si l'état de ses finances le lui permettait.

Mais cet usufruit éteint *quant au fait* par l'émigration du titulaire, par la confiscation et la vente pure et simple de l'immeuble sur lequel il frappait, l'a-t-il été aussi *quant au droit*; ou bien reprendra-t-il son cours sur l'indemnité qui représente cet immeuble? — Cette question, dont l'espèce ne peut qu'être très-rare, vu le long intervalle qui s'est écoulé depuis la confiscation, et vu la prescription qui a pu résulter du non usage pendant trente ans, sauf les interrup-

* Art. 578, C. C. « L'usufruit est le droit de jouir des choses dont un autre a la propriété, comme le propriétaire lui-même, mais à la charge d'en conserver la substance. »

tions légales, rentre dans le domaine du droit civil.

Aux termes de l'art. 617, C. C., l'usufruit s'éteint par la mort naturelle ou *civile* de l'usufruitier. C'est aussi la disposition du droit romain, *Insitit. de usuf.*, *ff.* 3, *l.* 1, *In ppio quib. mod. ususfr. Amitt.* — La mort civile dont furent frappés les émigrés, par la loi du 28 mars 1793, produisit cet effet à leur égard. Privés de l'exercice de tous les droits civils, ils ne pouvaient conserver un usufruit dont l'existence dépend des lois civiles. Mais toutes ces incapacités ont cessé; la loi nouvelle relève les émigrés de tous les funestes effets des lois rendues contre eux pendant la révolution. Ils sont, par rapport à l'indemnité, comme s'ils avaient toujours joui de leurs droits civils. Ainsi, leur ancienne mort civile est sans effet à l'égard d'un droit d'usufruit, comme elle l'est à l'égard d'une succession; etc., ils doivent avoir conservé l'un, comme ils ont pu recueillir l'autre.

Mais l'usufruit s'éteint aussi, et c'est ici le point important de la discussion, par la *perte* totale de la chose sur laquelle il est établi. C'est un droit réel, *Jus in corpore, quo sublato, et ipsum tolli necesse est.*—Instit. de *usufr. in ppio, L. penult. cod. eod.* En effet, un usufruit ne peut exister sans objet. La loi dit, par la *perte* de la chose, ce qui signifie extinction, anéantissement, destruction de la chose. Ainsi, l'usufruit d'une maison s'éteint avec elle, si elle est consumée par le feu, détruite par un tremblement de terre ou si elle tombe de vétusté. Mais, en serait-il de même si la perte provenait d'une invasion ennemie, d'une occupation étrangère très-prolongée, si elle était l'effet de la violence ou d'une force majeure? La loi semble ne s'appliquer qu'à une *perte réelle* de la chose, arrivée naturellement ou par accident, et non à une privation de cette chose. Elle entend parler de la destruction, de l'extinction de la chose, et non de son enlèvement, de sa disparution.

Ainsi, appliquant ces principes aux biens *meubles* qui sont aussi susceptibles d'usufruit (art. 581, C. C.), si un cheval, une voiture, un diamant, un meuble quelconque, soumis à un usufruit, venait à s'égarer, à être enlevé, perdu, etc., sans doute l'usufruit cesserait; mais supposons que ces objets reparaissent, qu'ils soient rendus, qu'ils se retrouvent, l'usufruit qui les frappait jadis ne reprendra-t-il pas son cours, sauf prescription?

En admettant ce principe, que le texte et l'esprit de la législation semblent consacrer, il ne restera plus qu'à savoir, si l'indemnité allouée à l'ancien propriétaire, représente tellement les immeubles confisqués et aliénés, qu'elle soit passible des mêmes charges auxquelles ces immeubles étaient assujétis. Or, tout porte à le croire. On a relevé les créanciers des émigrés de la déchéance qu'ils avaient encourue, et on les a autorisés à exercer sur les sommes provenant de l'indemnité, les droits qu'ils auraient pu exercer sur les biens-fonds qu'elles représentent; on a fait revivre, ou plutôt on a prorogé l'existence des priviléges et hypothèques qui frappaient ces mêmes biens; on a fait retomber sur l'indemnité représentative, toutes les charges qui affectaient la propriété. Mais l'usufruit n'est-il pas une de ces charges? ce droit réel, comme celui d'hypothèque, semblerait n'avoir pu être changé par les confiscations;

à l'égard de l'usufruit comme à l'égard de l'hypothèque, l'indemnité est le prix représentatif des biens, et ce prix étant, selon l'expression du rapporteur, D., dans la caisse de l'Etat, comme le prix d'un immeuble grevé le serait dans les mains des acquéreurs ou dans la caisse des consignations, il devrait supporter toutes les charges qui pesaient sur les biens.

Ce système respecte à la fois les droits acquis et les intérêts anciens. Sans la confiscation, l'usufruit aurait continué sur l'immeuble aliéné, il existerait encore au détriment du propriétaire, si l'usufruitier vivait. En le fesant frapper aujourd'hui sur le prix d'un immeuble dont la restitution en nature est impossible, on n'aggrave point la condition du propriétaire ; on tend seulement à effacer le souvenir des confiscations, objet principal de la loi d'indemnité ; l'expropriation n'est plus considérée que comme une vente de biens dont les charges ont, comme en matière ordinaire, passé de droit, de la propriété sur le prix qui la représente.

(7). *Du territoire.....* Dans l'amendement ci-après de M. le baron de Wangen se trouvait ici placé le mot *continental...* Un député (M. Reboul) demanda et obtint la suppression de ce mot, comme excluant, contrairement au vœu de la loi, la Corse et autres îles séparées du continent par des bras de mer.

(8) *Situés en France ou qui fesaient partie du territoire de la France, au 1er janvier 1792....* Le projet ne portait que ces mots : *biens-fonds situés en France.* — Dans la séance du 26 février, (Monit. n° 59)

M. de Wangen, D., proposa d'y substituer la rédaction suivante..... «*Biens-fonds situés sur le territoire continental de la France, tel qu'il était au 1*er *janvier* 1792, afin de faire participer à l'indemnité les anciens propriétaires de biens-fonds confisqués situés dans des pays qui fesaient partie de la France au 1er janvier 1792, et qui en ont été distraits depuis.

Cette rédaction fut adoptée avec la suppression du mot continental. (Voy. ci-dessus, note 7.)

Par le traité du 30 mai 1814, les pays qui, dans le cours de la révolution, avaient été soumis et réunis à la France, furent sans exception remis à la disposition des puissances alliées; tous ces pays sont hors de la loi d'indemnité. Par le même traité, on maintint l'intégrité des anciennes limites de la France, *telles qu'elles étaient au 1*er *janvier* 1792.—La loi du cinq décembre 1814 ordonna la restitution aux émigrés de leurs propriétés invendues, *sur toute l'étendue de la France* dont les limites venaient d'être fixées. — Par le traité du 20 novembre 1815, la France céda les places de Landau, Sarre-Louis, Marienbourg, Philippeville et d'autres communes rurales qui fesaient partie de *l'ancien territoire garanti par le traité du* 30 *mai* 1814.

«Ces contrées, dit M. de Wangen, n'ont point été à l'abri des condamnations et des confiscations révolutionnaires.... Les biens confisqués et vendus étaient situés en France lors de la spoliation. C'est assez pour satisfaire à l'esprit de la loi d'indemnité.... Elle doit, comme celle de 1814, porter sa justice et ses consolations à tous les émigrés français, sur l'intégralité de l'*ancienne France.* — Il ajouta : les intérêts que je défends ne sont pas des intérêts opulens. Inaperçus dans la masse des chiffres, ils importent seulement sous le rapport personnel, parceque *peu* est immense lorsqu'il est *tout.* Ils importent encore comme principe et justice, et ce n'est point aux dépens de la justice et des principes qu'on doit rechercher une économie, surtout quand il s'agit des provinces frontières qui ont été plus accablées que celles de l'intérieur, de l'immense fardeau des charges de la guerre, et de toutes les tyrannies de la révolution. »

M. de Labourdonnaye, D., combattit cet amendement : on propose, dit-il, (Monit. n° 59, suppl.) de faire payer aux contribuables français des indemnités pour des biens situés maintenant hors de la France. Si les anciens propriétaires de ces biens devaient prendre part au paiement de l'indemnité, il y aurait réciprocité et justice ; mais c'est à titre de souverain que la France paie une indemnité aux émigrés. C'est une justice qu'elle leur rend, non pas parce qu'elle a profité des ventes qui ont été faites, mais parcequ'elle représente toute la portion de l'émigration appelée à recueillir l'indemnité.

En reproduisant ces argumens, le rapporteur déclara que la Commission avait considéré que la disposition de la loi était à la fois réelle et personnelle. *Personnelle.....* (Voy. Suprà, note 5e...) *Réelle*, en ce qu'elle avait pour but de créer une espèce d'assurance mutuelle entre toutes les propriétés de la France ; que conséquemment il n'était nécessaire que de réparer les pertes existantes dans la France *telle qu'elle était actuellement*, et qu'il n'était pas juste de payer une indemnité prise sur la masse territoriale de la France, pour des biens qui ne supportent aucune des charges de la France.

M. Humann, D., répondit qu'il serait d'autant moins juste que des propriétaires qui sont restés Français, et dont les biens actuellement un peu au-delà de la limite de la France, ont été confisqués par l'Etat qui en a retiré le prix lors des ventes, fussent privés de toute indemnité; que ce serait par une circonstance accidentelle qu'on ne saurait leur imputer, puisque c'était la force nécessaire qui les avait distraits de la France..., etc.

M. Hyde de Neuville, D., ajouta que, considérant la grande mesure actuelle sous le rapport, presque exclusif à tout autre, de la flétrissure de la confiscation, il croyait que tous ceux qui avaient été victimes devaient avoir part à l'indemnité; que tous les anciens propriétaires auraient dû y être indistinctement appelés, et même les étrangers propriétaires en France; qu'en consacrant ainsi ce grand principe, que la guerre ne doit jamais être faite à la propriété, on aurait raffermi un des premiers principes du droit des nations.

Postérieurement (dans la S. du 14 mars, Ch. D., Monit. n° 74) on revint sur l'amendement de M. de Wangen, et l'on rétablit le mot *France* du projet, avec la rédaction actuelle de l'article, afin d'atteindre à la fois le but du susdit amendement, et d'un autre amendement proposé dans cette séance par M. Chifflet, D., et ainsi conçu:

« Les dispositions de la présente loi seront applica-
« bles aux biens-fonds situés sur toutes les parties du
« territoire *actuel*, qui n'auraient été réunies que
« postérieurement au 1er janvier 1792. »

Plusieurs parties du territoire *actuel* de la France, n'y furent réunies que postérieurement au 1er janvier 1792, et les biens des émigrés, situés dans les pays réunis, furent confisqués et aliénés. La rédaction du projet... situés *en France*..., rendait la loi applicable à ces biens, mais ils étaient exclus de l'indemnité par l'adoption de l'amendement de M. de Wangen, puisque ces pays réunis ne faisaient pas encore, au 1er janvier 1792, partie du territoire français. — On reconnut la justice et la nécessité de l'amendement de M. Chifflet, et pour en remplir l'objet, on rétablit le mot *France*, en conservant néanmoins l'amendement de M. de Wangen.

On rejeta, par les raisons déjà développées, un amendement de M. Potteau d'Hancardie, D., tendant à supprimer le mot *actuel* de celui de M. Chifflet; et à rendre ainsi la loi applicable aux biens confisqués en Belgique, en Savoie, c'est-à-dire, situés sur toutes les parties du territoire réunies depuis 1792, bien qu'elles en eussent été distraites depuis. — On ne peut concilier cette décision, avec l'amendement de M. de Wangen, adopté, qu'en reconnaissant dans cet amendement une exception à la loi, faite *en faveur des biens fonds situés* dans la France de 1792 (*), vu leur peu

---

* Ex. Landeau, Sarre-Louis, etc. et une partie de l'Alsace.

Nota. Nous disons, *en faveur des Biens-Fonds*, car il n'en faudra

d'importance et que, sans de graves inconvéniens, on n'aurait pu étendre à ceux de la Belgique et autres pays réunis après 1792 et distraits depuis. — A cette question de M. le général Foy, comment fera-t-on pour l'amendement de M. de Wangen ? M. le ministre des finances répondit : ce sera peut-être difficile, mais c'est peut de chose.

(9) *Confisqués*... La confiscation, dit un célèbre jurisconsulte, est l'action d'adjuger les biens au fisc, pour cause de crime et de contravention aux lois et ordonnances.

La confiscation pour crime fut inconnue chez les Romains dans les beaux jours de la république. La loi cornelia de *proscriptis* parut sous Sylla ; elle déclarait

---

pas moins être *Français* pour profiter de la faveur exceptionnelle. En principe, pour former le droit à l'indemnité, il faut le concours de ces deux circonstances : *Qualité de Français*, *et situation dans la France actuelle des biens confisqués*. En faisant nommément, quant à cette dernière circonstance, une exception pour la France de 1792, on n'a pas entendu la faire pour la première. M. Human D. disait à la tribune (S. 26 février) : « Il serait injuste que des propriétaires *qui sont restés Français* et dont les biens actuellement un peu au-delà de la limite de la France ont été confisqués, etc., fussent privés, etc. »—Et M. Hyde de Neuville (ibid.), « Ces hommes *sont Français*, comme tels et contribuables ils participeront à la charge de l'indemnité sans en recueillir aucun fruit, etc. »

En effet, l'art. 7 du traité du 20 novembre 1815 accordait aux habitans naturels et étrangers des pays cédés, six ans pour disposer de leurs propriétés et se retirer dans tel pays qu'il leur plairait de choisir. Ceux d'entr'eux qui n'ont pas opté, en vertu de cet article, ont volontairement cessé d'être Français, ils n'ont aucun droit à l'indemnité : elle n'appartient qu'à ceux qui, dans les six ans, ont pris domicile en France.

les enfans des proscrits incapables de posséder aucune dignité et déclarait leurs biens confisqués. Sous les empereurs la confiscation avait lieu dans une infinité de cas. On confisquait la maison ou le champ dans lequel on avait fabriqué de la fausse monnaie ; les biens de ceux qui n'étaient pas baptisés, qui consultaient les aruspices ; ceux d'un curateur nommé par dol ; les maisons où avaient été tenues des assemblées illicites, etc., etc., etc.

En France, la confiscation fut établie dès le commencement de la monarchie *; elle nous vint avec les proscriptions et les persécutions religieuses du droit impérial romain, fondées sur le despotisme public et sur l'esclavage privé. Elle a été constamment maintenue, sauf quelques modifications, jusqu'en 1790, époque où elle fut abolie par une loi du 21 janvier ; mais elle fut bientôt rétablie par les lois des 30 août 1792, 19 mars 1793, et 1er brumaire an 2, pour les crimes attentatoires à la sûreté générale de l'Etat, et pour celui de fausse monnaie. Ces lois furent maintenues, quant aux crimes attentatoires à la sûreté générale de l'Etat, par celle du 21 prairial an 11.

La confiscation avait encore lieu, à la restauration, dans les cas exprimés dans le Code pénal. La charte l'abolit définitivement par son article 66, et tarit par là une source effroyable de corruption, d'injustices et de crimes.

(10) *Aliénés*... au lieu de *vendus* comme le portait le projet. Cette expression parut plus générale à la

---

* Édit de Dagobert Ier de l'an 630.

commission D. qui fit cette substitution. En effet, dans son acception judiciaire, elle comprend tous les modes de transmission de la propriété, soit à titre gratuit, soit à titre onéreux. (Art. 711 et 712, C. C.)

Le projet portait, vendus au *profit de l'État.* La commission D. retrancha ces trois derniers mots, attendu qu'ils pourraient paraître exclure du bénéfice de l'indemnité, certaines personnes qui y auraient de justes droits, les divers gouvernemens qui se sont succédés, ayant pu disposer par *dons* au profit de quelques particuliers de quelques biens confisqués, ou autrement que par des transactions qui auraient tourné au profit de l'État.

(11) *Les émigrés....* (Voir dans l'introduction la nomenclature des lois portées contre eux.) — La loi du 28 mars 1793, qui frappa les émigrés de mort civile, ordonna qu'il fût dressé des listes de tous les émigrés. La seule inscription sur ces listes constituait la prévention d'émigration ; si l'inscrit ne réclamait pas dans un délai fixé, il était réputé définitivement émigré. L'examen et le jugement des réclamations étaient attribués aux administrations départementales, mais leurs décisions à ce sujet étaient soumises à l'approbation du conseil exécutif provisoire. La loi du 25 brumaire an 3, en attribua la connaissance au comité de la législation. Cette attribution fut transférée au directoire exécutif par une loi du 28 pluviôse an 4.

On distingua donc les *émigrés* ou *réputés émigrés*, et les *prévenus d'émigration*. Les premiers étaient ceux qui n'avaient pas réclamé contre leur inscription en temps utile, ou dont la réclamation avait été rejetée.

Les seconds étaient ceux qui, ayant fait leur réclamation et produit le certificat de résidence dans les délais, pouvaient obtenir leur radiation. Les uns étaient irrévocablement frappés de mort civile et confisqués dans leurs biens; les autres continuaient à jouir de leurs droits civils, en attendant qu'il fût prononcé sur leur sort. — La loi du 12 ventôse an 8, effaça cette distinction; elle ne reconnut que des *émigrés*. « Les individus considérés comme « émigrés avant le 4 nivôse an 8, époque de la mise « en activité de l'acte constitutionnel (cet acte au- « torisait l'émigration,) ne pouvant invoquer le droit « civil des Français, demeureront, porte son article « 1er, soumis aux lois sur l'émigration. — Article 2. « Ces individus sont: 1° ceux qui, inscrits sur les « listes d'émigrés, avant le 4 nivôse, ne sont point « rayés *définitivement*. 2° Ceux contre lesquels il « existait, à la même époque, des arrêtés, soit du « directoire exécutif, soit des administrations cen- « trales, qui ordonnaient l'inscription de leurs noms « sur la liste des émigrés, pourvu que lesdits arrêtés « aient été publiés ou suivis du séquestre ou de la « vente des biens. » — Il paraît bien injuste qu'on aie réputé émigrés ceux qui, à l'époque du 4 nivôse an 8, n'étaient qu'inscrits sur des listes contre lesquelles ils avaient réclamé en temps utile, mais M. Merlin fait observer que le gouvernement n'avait proposé cette disposition au corps législatif, que parce que sentant l'impossibilité physique de prononcer comme juge sur toutes les réclamations individuelles des inscrits, et la nécessité de n'y statuer désormais que comme magistrat *politique*, il fallait ranger tous les inscrits sur une même ligne, les assimiler tous les uns aux autres, les considérer tous comme ayant réellement émigré ; afin de pouvoir rayer, par forme de grâce, ceux dont la rentrée dans leur patrie, lui paraîtrait ne devoir pas en compromettre la tranquillité, et de pouvoir repousser par mesure de sûreté générale, ceux dont le retour lui paraîtrait dangereux.

En effet, un arrêté du gouvernement du 28 vendémiaire an 9, partagea bientôt les inscrits en plusieurs grandes classes, et ordonna que les uns seraient éliminés des listes, et que les autres y seraient maintenus. Il assujettit les *éliminés* à une surveillance particulière

Survint, l'année suivante, le décret d'amnistie (26 germinal an 10). Il accorda, (article 1er), amnistie pour fait d'émigration à tout individu qui en était prévenu et qui n'était pas rayé définitivement ; à lacharge (article 2) pour ceux qui n'étaient point en France, d'y rentrer avant le 1er vendémiaire an 11, et de le déclarer devant les commissaires délégués ; de prêter (art. 4) serment d'être fidèle au gouvernement établi par la constitution, et de n'entretenir aucune liaison avec les ennemis de l'État, de renoncer, etc., etc. En remplissant ces conditions on rentrait dans l'exercice de ses droits. (Cassat., 3 nivôse an 13, S., 5, 1, 104.) Mais le défaut d'accomplissement de ces formalités, entraînait la déchéance et le maintien définitif sur la liste des émigrés.—Etaient exceptés de l'amnistie, (art. 10) les chefs de rassemblemens armés contre la république, ceux qui avaient eu des grades dans les armées ennemies, les moteurs ou agens de guerre civile ou étrangère, les traîtres, etc. Les amnistiés et les éliminés étaient placés pendant 10 ans sous la surveillance du gouvernement. L'ordonnance du 21 août 1814, abolit toutes les inscriptions sur les listes d'émigrés encore subsistantes.

Par arrêts des 8 février 1810, et 3 février 1813. S. 10, 1, 224 et 13, 2, 117, la cour de Cassation a décidé que celui qui n'avait pas été inscrit sur la liste des émigrés, et contre lequel il n'existait ni arrêté de séquestre, ni jugement criminel, ne pouvait être réputé émigré, bien qu'il eût quitté la France, que ses immeubles eussent été saisis, et qu'il justifiât d'un certificat d'amnistie.—Les tribunaux sont compétens pour constater si tel individu est le même que celui dont le nom a été inscrit sur la liste des émigrés—.Cassation, 24 juin 1817, S. 18, 1, 338. — Mais l'autorité administrative, seule, est compétente pour décider à qui s'applique l'inscription d'un nom sur la liste des émigrés — 4 septembre 1822. Macarel, t. 4, p. 300.

(12) *Déportés et condamnés révolutionnairement*... Ces mots furent ajoutés au projet par la commission D... Voir art. 15, tit. 3.

Un député (M. Hyde de Neuville) proposa de substituer à l'énonciation de l'article, celle-ci : *En exécution des lois de confiscation rendues depuis le 1er janvier* 1790. Mais l'amendement de la commission fut maintenu, sur l'observation de M. le commissaire du Roi, qu'il résulterait de-là que l'indemnité s'étendrait aux malfaiteurs, faux monnoyeurs et autres dont les biens auraient été confisqués judiciairement, en vertu des lois pénales et de certains articles du Code pénal.

(13) Cette disposition n'était ni dans le projet, ni dans le travail de la commission, D., elle fut proposée par MM. Bazire et Hyde de Neuville, D., dans la séance du 25 février (Monit. n° 57). Le ministre des finances déclara alors que le gouvernement donnait à cette proposition un entier assentiment, mais la Chambre, considérant cet amendement comme une disposition additionnelle à l'article 1er, l'ajourna jusqu'après l'adoption de cet article.

Il importe, dit M. Bazire, en développant son amendement, (Monit., n. 38) que les indemnisés soient convaincus qu'au moyen de la somme qui leur sera allouée, tout est consommé à leur égard, et qu'ils n'ont plus au-delà des espérances à nourrir. Il est juste de donner aux contribuables la garantie que la plaie qu'on veut fermer ne se rouvrira jamais.

Le Min. des Fin. ajouta alors : pas de doute qu'on ne puisse représenter la mesure actuelle comme un premier pas fait dans une carrière dans laquelle on ne saurait s'arrêter, et sous ce rapport, non-seulement il y aurait un très-grand dommage pour le public, dans la prolongation de cette opinion, mais il y aurait aussi un très-grand dommage dans les intérêts de l'indemnité. En accordant cette indemnité en rentes, comment ces rentes auraient-elles du crédit? Comment l'État conserverait-t-il le sien, si l'on pouvait conserver la crainte qu'il fût fait de nouvelles créations de rentes pour pourvoir à de nouvelles demandes?

Il y a donc, dans la position de cette limite, connexité entre l'intérêt de l'État et l'intérêt de l'indemnité elle-même. — M. le rapporteur déclara, de son côté que la commission avait craint que ces mots du projet : *il est alloue une indemnité*...... ne parussent être l'annonce d'une autre indemnité, et qu'elle y avait substitué ceux-ci : *trente millions de rente*... pour les motifs ci-dessus, et encore afin qu'il ne fût pas possible de croire qu'il pourrait être accordé une autre indemnité que celle qui était proposée.

Vivement appuyé par M. Alexis de Noailles, D., dans la séance du 26 (M. n° 59). L'amendem. de M. Bazire fut adopté sans opposition. — Cet amendement, dit ce député (M. de Noailles), définit les bornes de l'indemnité et le terme des sacrifices. Il déterminera, osons l'espérer, tous les moyens de satisfaire à ce qu'exige la possession des biens qui seront l'objet de l'indemnité, pour qu'ils rentrent dans la classe des biens patrimoniaux... S'il propose un sacrifice afin de servir l'intérêt public, l'honneur français ne repoussera point une pareille mesure. Jamais le fils d'un émigré et d'un condamné ne s'éloignera de cette voie, lorsqu'il saura répondre à ceux qui lui rappelleront quelle était la fortune de ses pères, ces mots que vous aurez sanctionnés : « Cette indemnité est définitive. Tout est terminé. Mon père a fait hommage au Roi et à la patrie, sans retour, de tout ce qu'il possédait, et même du souvenir de la fortune qu'il a perdue. » Tel paraît être d'ailleurs le vœu de la Chambre et celui du gouvernement lui-même.

En effet, on lit, dans l'exposé des motifs : Le capital de l'indemnité doit représenter une valeur égale à celle qu'elle est destinée à remplacer..... Une indemnité fractionnelle, un simple secours accordé au malheur, n'atteindrait pas le but que la loi se propose..... ; il faut que le capital de l'indemnité représente approximativement le capital de la valeur perdue.

C'est par ces motifs que l'on rejeta les propositions faites dans la S. du 25 février, par MM. Breton, Mestadier, Delaage, D., et tendantes à borner à 10 ou 20 mille francs de rente, la portion la plus étendue des ayant-droit à l'indemnité, et de n'en accorder qu'à ceux qui n'avaient pu trouver dans les débris de leurs biens un revenu de pareille somme.

Dans la séance du 8 mars (Monit., n° 69), un député (M. Pavy) proposa une disposition additionnelle à l'art. 5, mais qui se rattache à celui-ci, tendant à ce que les indemnisés fussent tenus de déclarer dans la quittance de l'indemnité, « qu'ils se reconnaissaient satisfaits, transportant au besoin au Roi, réparateur et source de toute légitimité, tous droits moraux et de conscience sur leurs biens, s'interdisant, sur leur honneur et en loyaux et fidèles sujets, toute récrimination ou murmure à raison de cette quittance ou cession. »

Cette proposition fut écartée par la question préalable. (il n'y a pas lieu a délibérer. Art. 29 du réglément de la ch. D.)

ARTICLE. 2.

Pour les Biens-Fonds vendus en exécution des lois qui ordonnaient la recherche de l'indication préalable du revenu de 1790, ou du revenu valeur de 1790, l'indemnité consistera en une inscription de rente 3 p. o/o, sur le Grand-Livre de la Dette Publique, dont le capital sera égal à dix-huit fois (1) le revenu *, tel qu'il a été constaté par les procès-verbaux d'expertise ou d'adjudication. (ordon. art. 21.)

Pour les Biens-Fonds dont la vente a été faite en vertu des Lois antérieures au 12 prairial an 3 (31 mai 1795), qui ne prescrivaient qu'une simple estimation préalable, l'indemnité se composera d'une inscription de rente 3 p. o/o sur le Grand-Livre de la Dette Publique, dont le capital sera égal au prix de vente réduit en numéraire au jour de l'adjudication, d'après le tableau de dépréciation des assignats dressés en exécution de la loi du 5 messidor an 5 (23 juin 1797), dans le département où était située la propriété vendue (ord. art. 22).

Lorsque le résultat des liquidations aura été connu, les sommes restées libres sur les trente millions de rente déterminés par l'art. 1er, se-

* C'est-à-dire, au revenu de 1790 multiplié par 18.

ront employées à réparer les inégalités qui auraient pu résulter des bases fixées par le présent article, suivant le mode qui sera réglé par une loi (ord. art. 55).

Sur cet article, la commission présenta deux amendemens, le 1er de simple rédaction, tendant à substituer ces mots : *dont le capital sera égal à...* ceux du projet : *Rente 3 p. o/o égale à....* — Le 2e tendait à déterminer un fonds de réserve, et la distribution de ce fonds après la liquidation, disposition qui forme le dernier § du présent article.

Vingt un amendemens furent en outre proposés par divers députés sur le principe d'évaluation porté dans le projet. Ils tendaient généralement à établir de nouvelles bases et un nouveau mode de répartition, et présentaient trois systèmes différens. Dans le 1er système, résultant des amendemens de MM. de Lezardières, de la Caussade et Duhamel, D., on prenait pour base de la répartition, l'estimation des biens. M. de Lezardière fixait cette estimation à cent fois le principal de la contribution foncière de 1824. Les autres présentaient, à cet effet, divers moyens, entr'autres la formation de commissions. Les uns demandaient des commissions départementales; d'autres, des commissions par canton, par arrondissement et par département.

Le 2me système proposait pour base de la répartition le revenu, et établissait des commissions départementales pour arriver à la conaissance des biens, valeur de 1790. — Ces commissions, devaient suivant l'amendement de M. de La Caussade, s'aider des renseignemens et des états désignatifs de la consistance et de la valeur des biens au moment de la confiscation, qui devraient leur être donnés dans un certain délai par les anciens propriétaires ou leurs ayant-droit.

D'après M. Duhamel, D., cette valeur devait être établie, autant que possible, sur des documens authentiques, tels que matrices de rôles, états de sections, baux à ferme, et, à défaut ou en cas d'insuffisance, par la notoriété publique résultant de la déclaration d'une commission de notables et d'anciens cultivateurs du lieu, formée par les soins du préfet.

Enfin, dans le 3me système, on se basait sur la répartition des contributions. — Tous ces amendemens furent rejetés comme prêtant trop à l'arbitraire, à l'intrigue, aux collusions, et comme présentant d'ailleurs de plus graves inconvéniens que le projet.

M. le commissaire du Roi justifia ainsi, dans son exposé des motifs, le mode adopté par le gouvernement *.

»Pour déterminer le montant de l'indemnité, la première obligation était de connaître la valeur des propriétés vendues, et rien ne peut offrir plus d'embarras à l'esprit que l'adoption d'une base pour cette appréciation. — Il était impossible de la chercher dans les impositions actuelles; d'une part, l'état des choses

* Son discours tout substantiel ne se prête guère à l'analyse. Dans le passage cité, tout est utile et bien dit. Nous n'oserions promettre autant d'un extrait.

a subi, dans un intervalle de trente années, des modifications telles que la valeur d'aujourd'hui n'est plus en rapport avec celle d'autrefois; des édifices ont été détruits ou élevés, des bois ont été défrichés, ou plantés, ou accrus, des terrains incultes ont été mis en rapport; d'autre part, quelques fonds possédés par divers propriétaires, ont été acquis par fractions et réunis dans une seule exploitation. D'autres, au contraire, ont subi des divisions différentes *. Il serait impossible, et nous en avons acquis la certitude, de trouver l'application des articles compris dans le rôle actuel des contributions, aux lots vendus depuis trente années.

» La plus grande partie de ces inconvéniens se retrouverait dans l'estimation à faire actuellement par experts, et cette mesure en offrirait d'autres d'une nature plus grave. Les visites et les expertises placeraient les nouveaux propriétaires en contact nécessaire et prolongé avec les anciens, et ne conduiraient qu'à des résultats vagues, arbitraires, appuyés sur des souvenirs et des conjectures. Elle mettrait ainsi aux prises les intérêts et les passions, sans aucune utilité pour la justice et pour la vérité....

» On avait pensé que les matrices de la contribution foncière existantes à l'époque des ventes, pourraient fournir des indications suffisantes. On y a recouru, et il a été démontré qu'il fallait encore renoncer à cette voie. Les états de section, les matrices de rôles, et les rôles de 1793, n'existaient plus dans une

* Les biens nationaux ont été vendus en 452,000 lots.

grande partie des départemens. Le renouvellement de ces états ayant été opéré en 1797, en 1801, en 1802, et depuis, les matrices primitives ont été considérées comme inutiles, et n'ont pas été conservées. Au surplus leur incroyable inexactitude que tout le monde connaît depuis long-temps, ne permet guère d'en regretter la perte. Il a donc fallu recourir à d'autres moyens, chercher dans les actes qui étaient en notre pouvoir, des documens positifs qui fussent de nature à écarter toute possibilité d'arbitraire, et qui offrissent toutes les garanties que peut comporter cette difficile opération.

» Les ventes des biens d'émigrés ont commencé en 1793; elles ont continué pendant près de dix ans. Elles ont été faites contre des assignats, contre des mandats, contre des bons de remboursement des deux tiers, contre des bons du tiers consolidé, contre du numéraire. La valeur représentative des propriétés vendues a donc subi toutes les chances et les variations qui se rattachent aux époques, aux localités et à la valeur des monnoies diverses reçues en paiement. — Les aliénations ont été opérées en vertu de lois différentes et nombreuses qui ont prescrit des formes diverses plus ou moins favorables à l'évaluation des prix.

» On conçoit aisément combien il était difficile de saisir, au milieu de tant d'incertitudes et d'embarras, une base satisfaisante à laquelle on put s'arrêter avec quelque sécurité.

» Celle qui se présentait avec le plus d'avantage était incontestablement le revenu de 1790 régulièrement constaté. Evalué en numéraire, d'après des documens alors réunis, et à peu près certains, le revenu de 1790 offrait un point de départ d'où l'on pouvait arriver à la vérité. — Cette base se retrouve dans les ventes faites depuis la loi du 12 prairial an 3. Toutes les lois postérieures à cette époque, prescrivent l'indication dans les procès-verbaux du revenu en numéraire valeur de 1790.

» L'élément principal de cette fixation était pris dans les baux à ferme. On faisait entrer dans la composition du prix tout ce que le fermier était tenu de payer, ou de faire : les impositions, les charrois, les corvées. On y comprenait même les dîmes, les droits féodaux et toutes les autres charges imposées par le bail au fermier, et dont la suppression récemment ordonnée, devait tourner au profit du propriétaire. — A défaut de baux seulement, on recourait au rôle de la contribution de 1793, qui était alors en vigueur; enfin, pour les maisons et usines, des experts étaient chargés d'en faire l'estimation en capital et en revenu, valeur de 1790.

» Telles étaient les bases prescrites par la loi du 28 ventose an 4, en vertu de laquelle a été faite la partie la plus considérable des ventes, et par les lois postérieures. L'exécution de ces dispositions se retrouve dans tous les procès-verbaux faits depuis cette époque. — Ces lois ont varié suivant les monnaies et les circonstances, pour la formation du capital à l'aide de la multiplication du revenu. Les uns forment un capital de 75 fois le revenu, d'autres de 22 fois pour les immeubles ruraux et de 18 pour les maisons ; on en trouve qui le portent à 16, d'autres à 10 et à 6; mais le point de départ est toujours demeuré le même, c'est le revenu de 1790; et ce point de départ offre un moyen facile de fixer la valeur numéraire des immeubles vendus.

»Les ventes faites en exécution de ces lois sont au nombre de 81,455. Le revenu des fonds compris dans ces ventes, évalué dans les procès-verbaux, s'élève à 34,620,380 fr. 79 c. En multipliant ce revenu par 20, c'est-à-dire dans la proportion juste et ordinaire, on trouve une somme capitale de 692,407,605 f. 80 c. Cette somme représente, avec autant d'exactitude qu'il est possible de l'espérer, la valeur des immeubles vendus. L'application de cette règle porte sur plus de la moitié en somme des ventes opérées; mais il a fallu recourir à d'autres voies pour les adjudications antérieures au 12 prairial an 3. — Les premières lois qui ordonnèrent la vente des biens des émigrés, n'avaient pas prescrit l'évaluation du revenu de 1790; elles n'avaient ordonné qu'une simple estimation des lots mis en vente.

»Quelques procès-verbaux faits en exécution de ces lois contiennent bien l'indication des baux de 1790, comme élément de l'estimation de la propriété; mais ce sont là des exceptions qui ne pouvaient pas servir de règle.

»L'administration des domaines a fait faire par ses agens des recherches de toute espèce, afin de déterminer, par d'autres documens que les procès-verbaux, les revenus de 1790. L'opération demandée a été faite; mais ceux qui y ont présidé dans les départemens ont fait connaître l'insuffisance des moyens qu'ils ont pu employer, et le peu de garantie qu'offraient les résultats. — On a alors cherché une base dans l'estimation qui avait précédé l'adjudication, en appliquant le tableau de dépréciation au montant de l'estimation, et au jour où elle a été faite; mais on s'est aisément convaincu du peu d'exactitude de ces opérations, et on a reconnu que le prix de l'adjudication déterminé par les enchères se rapprocherait davantage de la vérité.

» Pour obtenir ce résultat, il fallait appliquer, non comme on l'a fait habituellement, le cours des jours où les paiemens successifs ont eu lieu, ce qui ne laissait au prix stipulé aucune valeur déterminée, mais celui du jour où l'adjudication a été faite. On a fait cette application à l'aide de l'échelle de dépréciation dressée à la trésorerie, et on est demeuré convaincu encore, qu'elle ne donnait pas au produit une valeur approximative de celle de l'immeuble.

» Un nouvel essai a été alors tenté, et celui-là était indiqué par les réflexions les plus justes et les plus naturelles. — Pendant la durée des assignats, rien n'a été plus mobile, plus varié, plus indécis que le cours de cette monnaie. Soumis à l'action immédiate de la politique, tirant toute leur valeur du fanatisme de l'opinion ou de l'empire de la crainte, les assignats ont dû subir dans chaque localité l'influence des partis et des circonstances. On en a la preuve en jetant les yeux sur les tableaux de dépréciation rédigés dans les divers départemens, et en y voyant que, le même jour, les assignats sont cotés à 75 pour cent dans un département, et à 27 dans un autre. — La raison et la justice indiquaient qu'il fallait recourir à cette voie; que les résultats des adjudications devaient être en rapport nécessaire avec la valeur d'opinion donnée aux assignats dans le lieu où les adjudications ont été faites; que le prix devait avoir été plus ou moins élevé suivant la dépréciation plus ou moins considérable du signe monétaire.

» On a donc fait faire aux ventes antérieures à la loi du 12 prairial an 3, l'application du tableau des départemens où elles ont été consommées. Le résultat de cette opération, dans son ensemble, a donné plus du quart en sus de la somme produite par l'application de l'échelle de la trésorerie. Rapproché ensuite du revenu de 1790 indiqué, mais seulement d'une manière approximative par les directeurs des domaines des départemens, il s'est trouvé que cette base donnait pour terme moyen entre dix huit et dix-neuf fois le revenu.

» Au milieu des difficultés qui s'offrent ici de toutes parts, il convenait de s'arrêter à ce dernier parti dont on peut indiquer les résultats.

» 370,617 ventes ont été faites sous l'empire de ces premières lois. Le nombre en est beaucoup plus considérable que dans la principale cathégorie, parce que les fonds vendus étaient alors beaucoup plus morcelés. — Le produit des adjudications déterminé par l'application de l'échelle de la trésorerie, offrait un capital de 469,306,630 fr. 99 c. — Le même produit, réduit sur le tableau des départemens, présente une masse de 605,352,992 fr. 16 cent., c'est-à-dire,

136,046,361 fr. 17 c. de plus. — Le capital formé par la multiplication du revenu de 1790, tel qu'il avait pu être *approximativement* déterminé, se serait élevé à environ 660 millions. — La différence n'est donc que d'environ 55 millions.

» Tels sont les résultats de la mesure proposée pour la partie des ventes que n'a pas précédé l'indication du revenu de 1790. Elle n'est pas sans inconvéniens. Cette égalité apparente que le terme moyen peut offrir et qui se retrouve dans les masses, ne se retrouvera pas toujours dans les applications de détail, il peut en résulter des inégalités multipliées et considérables.... mais il importait essentiellement de trouver des bases positives, uniformes, dont l'emploi ne pût rien laisser à l'arbitraire, et dont l'application se borna à une opération matérielle. Le mode proposé offre cet avantage; il rend la liquidation de l'indemnité aussi simple dans son exécution que sûre et impartiale dans ses résultats. »

(1) A *dix huit fois* le revenu. — Le projet portait à *vingt fois*....—La réduction de ces deux vingtièmes fut faite sur la demande de M. de Lastours., D. (S. 3 mars, Monit., n° 64.) — Dans le revenu de 1790, base d'évaluation de l'indemnité pour les biens vendus postérieurement à la loi du 12 prairial an 3, et en exécution de cette loi, étaient comprises les impositions, corvées, charrois et autres charges imposées aux fermiers. Cette circonstance portait, d'après les calculs du gouvernement, le principe d'évaluation de l'indemnité pour la vente de ces biens à 20 fois le revenu de 1790. De là résultait une différence de deux vingtièmes

entre les deux classes de ventes, car l'indemnité pour les biens vendus antérieurement au 12 prairial an 3, réglée conformément au § 2 de l'article, par le prix d'adjudication, réduit d'après l'échelle de dépréciation, se porte, par terme moyen, entre 18 et 19 fois le revenu de 1790. C'est pour détruire cette différence défavorable aux ventes de la seconde classe, et pour rendre la répartition de l'indemnité moins inégale entre les deux cathégories, que l'on opéra la réduction ci-dessus. « Cette réduction est d'autant plus raisonnable, dit M. de Lastours, qu'en partant de ce principe, l'indemnité doit être 20 fois le revenu; cela ne peut s'entendre que du revenu *réel*, dans lequel il serait absurde de comprendre les impositions.

« Il résulte d'ailleurs de ce retranchement, ajouta-t-il, que plus de 60 millions (69,240,761 fr.) resteront libres sur la somme destinée à la première classe, ce qui augmentera d'autant le fonds commun, si nécessaire pour réparer les inégalités individuelles de la répartition. »

(2) C'est pour réparer les inégalités dont parle ci-dessus, pag. 36, M. le commissaire du Roi, que la commission, D. proposa l'établissement d'un fonds de réserve.

« C'est l'Etat seul, lit-on dans son rapport, qui devrait fournir le fonds commun, mais l'Etat fait tout ce qu'il peut faire en accordant 30 millions de rente; au-delà il serait injuste envers les contribuables......, il nuirait à son crédit.....; néanmoins, il est possible de trouver ailleurs un fond de réserve. » — Les 30 millons de rente ne seront pas entièrement absorbés par les indemnités réglées d'après les bases du projet, puisqu'elles n'en portent le capital, toutes dettes déduites, qu'à 987,819,962 fr. 96 cent *. Ce capital sera diminué encore par la différence entre le montant de l'indemnité et le prix de simple achat, qui doit être payé à ceux qui sont rentrés dans leurs biens...... les tableaux des biens vendus ne sont pas d'ailleurs exempts de doubles emplois résultans des folles enchères; on y a compris des biens qui ne peuvent être considérés comme biens confisqués. Les déshérences peuvent avoir laissé quelques fonds libres..... C'est dans ce reliquat que l'on pourra trouver le fonds commun **.

On rejeta (S. 4 mars, Monit., n° 65.) une proposition de M. le général Foy, D., tendante à ce que les sommes restées libres sur les trente millions de rente, fussent employées, la moitié à réparer les inégalités de la répartition, l'autre moitié à réparer le dommage éprouvé par les créanciers des émigrés liquidés en assignats. — Attendu que c'était de toute justice, et que l'hypothèque étant un droit dans la chose, qui affecte la chose elle-même, qui la suit partout, périt et revit avec elle, les créanciers hypothécaires apparaissaient comme des co-propriétaires des fonds hypothéqués, et devaient recueillir leur part des avantages assurés à la propriété.

M. le commissaire du Roi répondit, qu'en s'emparant des biens des émigrés, l'Etat avait déclaré que

---

* Différence qui doit entrer dans le fonds de réserve 12,180,037 f. 04 c.

** Ajoutons, et dans la réduction de deux vingtièmes sur l'évaluation des biens valeur de 1790. Voir note 1.

leurs créanciers devenaient ses propres créanciers; que ceux qui ne se présentèrent pas à la liquidation, encoururent par là la déchéance, mais que la loi les en relevait; que n'ayant rien reçu de l'Etat, donné aucune quittance, ils n'avait pas fait novation, et que leur débiteur retrouvant ses biens, ils devaient pouvoir exercer leurs droits. — Que, quant aux créanciers liquidés et payés, la novation était complète, qu'ils étaient devenus créanciers de l'Etat, qu'ils avaient reçu le paiement de leurs créances, qu'ils en avaient donné quittance, que toute réclamation leur était interdite, qu'ils étaient dans la même situation que les créanciers ordinaires qui avaient reçu leur paiement en valeurs dépréciées. — Qu'il ne fallait pas confondre le droit d'hypothèque et le droit de propriété; que l'hypothèque n'était qu'une sorte de gage ou garantie, qui ne conférait aucun droit de co-propriété.....

ARTICLE 3.

Lorsqu'en exécution de l'article 20 de la loi du 9 floréal an 3 (28 avril 1795), les ascendans d'émigrés auront acquis, au prix de l'estimation déclarée, les portions de leurs Biens-Fonds attribuées à l'État par le partage de présuccession, le montant de l'indemnité sera égal à la valeur réelle des sommes qui auront été payées. En conséquence, l'échelle de dépréciation des départemens pour les assignats et les mandats, le tableau du cours pour les autres effets reçus en paiement, seront appliqués à chacune des sommes versées, à la date du versement (1). (Ord. art. 11. 23.)

L'Indemnité sera délivrée à l'ascendant s'il existe, et à son défaut à celui ou à ceux de ses héritiers qui, par les arrangemens de famille, auront supporté la perte (2). (Ord. art. 5. 11.)

Lorsque l'État aura reçu d'un aîné ou autre héritier institué, le prix des légitimes que des légitimaires frappés de confiscation avaient droit de réclamer en biens-fonds, le montant réduit de la somme payée pour prix de cette portion légitimaire, sera restitué à ceux qui y avaient droit ou qui les représentent (3). (Ord. art. 12. 33.)

Cet article fut adopté sans discussion (Ch. D., S. 5 mars, Monit., n° 65, suppl. — Ch. P., S. 18 avril, Monit., n° 110.)

(1) Un décret, du 17 frimaire an 2, frappa d'un sequestre général les biens des ascendans des émigrés. — Un autre décret du 9 floréal an 2, prescrivit à tout ascendant, dont un émigré se trouverait l'héritier présomptif, de faire dans un délai déterminé, la déclaration de ses biens et de son passif. — L'estimation et la liquidation opérées, on réglait le partage, et la part qu'aurait eue l'émigré était attribuée à l'État. — C'est ce qu'on appelait le partage de *pré-succession.*

L'art. 20 autorisait l'ascendant à racheter, au prix

de l'estimation, les portions de ses anciens biens réunies au domaine de l'Etat. — Ces rachats furent assez fréquens.

Dans ce cas particulier, la propriété n'ayant pas réellement changé de maître, et la confiscation n'ayant coûté au propriétaire, et à sa famille, d'autre sacrifice que le montant de l'estimation payé pour le rachat de la portion confisquée, le remboursement de la valeur réelle de la somme payée, devait être la seule indemnité à accorder. (exposé des motif, D.). «L'équité, porte le rapport de la commission, D., ne commande rien de plus que de remettre les choses dans leur état primitif, c'est-à-dire de réintégrer aux ascendans les sommes qu'ils ont versées, mais telles qu'ils les ont versées; c'est-à-dire d'après le tableau de dépréciation.»

(2) Ce paragraphe et le suivant ne se trouvaient point dans le projet. La commission, D. les ajouta afin de prévenir des difficultés. — «Il est souvent arrivé, dit M. Pardessus, D., dans son rapport, qu'à la mort de l'ascendant dont la succession avait été partagée de son vivant, les co-héritiers de l'émigré ont imputé à ce dernier, sur sa part héréditaire (comme objets d'un rapport, art. 851, C. C.), les valeurs que l'ascendant avait abandonnées à la république. Dans beaucoup de successions, au contraire, les co-héritiers ont consenti que cette confiscation fût considérée comme un malheur de famille, et les partages ont été faits sans imputation. — Dans le premier cas, l'émigré co-héritier aura seul droit à l'indemnité, lui seul a éprouvé la perte. — Dans le deuxième cas, l'indemnité sera at-

tribuée à la succession entière. *Neminem æquum est cum altérius damno locupletari.* »

(3) Sous la législation antérieure au Code, les enfans du père de famille qui avait institué un héritier, étaient fondés à réclamer contre ce dernier, sous le nom de *légitime*, une portion des biens laissés par leur père. Souvent le testament ou l'acte d'institution fixait la valeur de la légitime, et même en quelques provinces, la loi locale ou la jurisprudence laissait à l'héritier institué, la faculté de se libérer en argent, malgré les légitimaires. Mais les lois rendues en 1793, admirent les légitimaires, nonobstant toutes dispositions contraires, à réclamer leur légitime en biens-fonds. Dans cet état de choses, un assez grand nombre de légitimaires étant frappés de confiscation, le fisc exerça leurs droits contre l'institué, et, presque toujours, ce dernier parvint à traiter de la légitime, et à en payer la valeur.

La loi admet, dans ce cas, les légitimaires à l'indemnité, mais ils ne pourraient réclamer leur légitime en nature, c'est-à-dire en biens fonds, dans le cas même où ils l'auraient pu, d'après la législation existante à l'époque de la confiscation. Le traité intervenu entre l'institué et le fisc représentant le légitimaire, fut évidemment une vente de la partie indivise de ce dernier dans les immeubles, une composition semblable à celle que les ascendans firent pour les portions de leur pré-succession attribuée au fisc. La loi ne leur accorde des droits que sur le *montant* réduit, ainsi qu'il est dit ci-dessus, de la somme payée pour prix de cette portion légitimaire (Rapport, D.).

ARTICLE 4.

Lorsque les anciens propriétaires seront rentrés en possession des biens confisqués sur leur tête, après les avoir acquis de l'État (1) directement (2) ou par personnes interposées (3), l'indemnité sera fixée sur la valeur réelle payée à l'État, conformément aux règles établies par l'art. 3 (4) (ord. art 13. 24).

Lorsque, par les mêmes moyens, ils les auront rachetés à des tiers, l'indemnité sera égale aux valeurs réelles (5) qu'ils justifieront avoir payées, sans que, dans aucun cas, elle puisse excéder celle qui est déterminée par l'art. 2. A défaut de justification, ils recevront une somme égale aux valeurs réelles formant le prix payé à l'État (ord. art. 14. 26).

Dans les deux cas ci-dessus, les ascendans, descendans ou femmes (6) de l'ancien propriétaire, seront réputés personnes interposées (7) (ord. art. 13. 14. 24.)

Lorsque les héritiers de l'ancien propriétaire seront rentrés *directement* dans la possession des biens confisqués sur lui, l'indemnité à laquelle ils auraient droit sera fixée de la même manière (8) (ord. art. 14. 25).

Il est souvent arrivé, dit M. le commissaire du Roi dans son exposé des motifs D., que les parens et les amis de l'émigré ont acheté des biens confisqués, pour lui, pour la famille, et que la propriété est ainsi revenue directement à ses anciens possesseurs. Ce cas particulier est nécessairement compris dans l'exception de l'article 3. Lorsque l'ancien propriétaire ou ceux qui le représentent auront acquis de l'État les biens confisqués sur la tête du premier, l'indemnité sera composée d'un capital égal à la valeur réelle des sommes qui auront été payées à l'Etat. — Enfin l'émigré ou ses héritiers ont quelquefois racheté leurs anciennes propriétés de ceux qui les avaient acquises. Dans ce cas l'indemnité doit être égale à la valeur réelle qu'ils justifieront avoir payée pour le rachat, mais elle ne pourra jamais excéder celle qui est déterminée par les dispositions générales de la loi. — Si la justification n'est pas faite, le prix du rachat sera présumé avoir été le remboursement des valeurs réelles versées par l'acquéreur originaire dans les caisses de l'Etat, et l'indemnité sera réglée sur cette base.

(1) *Seront rentrés en possession des biens.... après les avoir acquis de l'Etat....* Ainsi la seule acquisition ne suffit pas, il faut encore la *prise* de possession. Le projet de la loi renfermait à-peu-près la même disposition. En la changeant, la commission D. y substitua ces seuls mots.... *auront acquis*....de l'Etat, afin, dit-on, d'éviter les fraudes, puisqu'il pourrait arriver que l'entrée en possession n'eût pas eu lieu, quoiqu'il fût de toute évidence que le bien eût été acquis par l'émigré, et qu'il en jouit par le fait, quoiqu'il n'en parût pas le possesseur (M. Pardessus, rap. D.; S. 5 mars, Monit. n° 66).

Un grand nombre d'anciens propriétaires, lit-on, dans le rapport D., ont reçu de leurs pères, de leurs enfans, de leurs femmes, les biens achetés par ces derniers; ceux qui n'ont été réintégrés par actes authentiques, en jouissent au vu et su du pays qu'ils habitent; et s'ils ont laissé à la personne interposée, le nom d'adjudicataire et le simulacre de la propriété, ce n'a été, sans doute, que pour échapper aux rigueurs d'une législation qui leur avait rendu souvent plus de dettes que de biens (*). Dans une matière où l'honneur doit être considéré avant tout, on ne peut tolérer ce qui faciliterait à un homme, délicat, les moyens de conserver le bien racheté indirectement pour lui, et de recevoir l'indemnité sur les mêmes bases que si ces biens appartenaient à des tiers.

L'amendement de la commission fut rejeté; on conserva la disposition du projet, en la rédigeant comme elle se trouve ci-dessus.—D'après le projet, dit M. de Ricard, D. (S. 5 mars 1825, Monit. n° 66) il fallait la prise de possession, tandis que d'après l'amendement de la commission l'émigré sera censé avoir acquis par lui-même, lorsque l'acquisition aura eu lieu par personne interposée; mais ne peut-il pas se faire que des ascendans, des descendans ou des femmes, au lieu d'acquérir pour l'émigré aient acquis réelle-

* La loi du 3 floréal an 11 chargeait les émigrés du paiement des dettes que le gouvernement aurait liquidées, mais qui n'auraient pas été inscrites sur le grand-livre. Pour se soustraire à cette obligation, un grand nombre d'émigrés laissèrent ignorer au public, que tel bien acheté par leur femme ou leur parent était à eux.

ment pour eux-mêmes ? Ne peut-il pas se faire enfin que la femme après avoir acquis, ait divorcé ou passé à de secondes noces ? Dans ces divers cas, l'émigré pourrait n'avoir pas réellement repris la propriété de ses biens ; il se trouverait donc lesé par la disposition trop absolue de la commission; les créanciers eux-mêmes en souffriraient, puisqu'ils n'auraient de recours que sur une plus faible indemnité; ainsi pour appuyer la présomption légale que la personne interposée a acquis pour l'émigré, il faut qu'il y ait eu rentrée dans la possession.

Un député (M. Fouquerand) proposa un paragraphe additionnel ainsi conçu ; « Les anciens propriétaires ou leurs héritiers qui seront rentrés dans les « biens sur eux confisqués, en vertu d'une donation à « eux faite par l'acquéreur desdits biens ou par ses « héritiers, n'auront droit à aucune indemnité, à « moins qu'ils ne se trouvent successibles du donateur.»

Il est, dit-il (S. 5 mars, Monit. n° 66), quelques acquéreurs qui, par des motifs particuliers, ont cru devoir remettre ces biens à ceux à qui ils appartenaient dans l'origine (*). Serait-il juste que dans ce cas, ces derniers fussent appelés à l'indemnité ? le but de la loi est de dédommager ceux qui, dans des temps de malheurs, ont été privés de leur patrimoine ; or, ceux qui sont rentrés dans leurs biens, sans rien débourser, ne se trouvent pas dans ce cas ; et il est clair qu'il y aurait double emploi à leur accorder l'indemnité, puisqu'ils auraient et le fonds et cette in-

* Vid page 47.

demnité. Dira-t-on que la remise faite à l'émigré est entièrement étrangère à l'Etat, et que dès-lors l'Etat ne peut se dispenser de payer l'indemnité ? Ce raisonnement n'est nullement fondé. Dira-t-on que la donation gratuite faite à l'émigré, est pour lui une bonne fortune, que c'est par hasard que cette donation comprend des biens provenans de lui, et qu'il est à présumer que si le donateur ne lui eût pas donné ces biens, il lui en aurait donné d'autres? Cette objection est sans force, quand il ne s'agit pas d'une donation faite à un successible, cas excepté, la présomption du droit est que la remise gratuite n'a été faite à l'ancien propriétaire que par cela seul qu'il était ancien propriétaire, et uniquement par des motifs de délicatesse. Cet amendement fut rejeté.

M. le ministre de l'intérieur le combattit en ces termes : Plusieurs émigrés, en quittant la France, y ont laissé des amis que le malheur n'a pas rendus injustes, et qui, loin de céder à la tentation d'acheter pour eux-mêmes, les biens de leurs amis malheureux, ont acheté ces biens avec des valeurs qui leur avaient été remises par leurs amis. Dans d'autres cas, ces acquisitions ont été faites par des agens d'affaires restés fidelles à l'ancien propriétaire, et dont ils avaient reçu des fonds destinés à ces acquisitions. Ce n'est presque que dans ces deux cas qu'il y a eu des restitutions. On conçoit, en effet, que ces acquéreurs ne pouvaient, sans paraître manquer à l'honneur, passer un contrat de vente à l'émigré pour lequel ils avaient acquis; la voie de la donation était le moyen le plus naturel de faire rentrer l'émigré dans sa propriété. Cependant l'amendement proposé serait de nature à faire que l'émigré qui a fourni des deniers pour racheter ses biens par personnes interposées, autres que des ascendans, des descendans ou sa femme, n'eût droit à aucune indemnité, etc., etc.

(2) *Directement.* On conçoit difficilement qu'un émigré, mis pour ainsi dire hors de la loi, soit venu se rendre publiquement adjudicataire de ses biens confisqués. Toutefois, dans l'état de désordre et d'anarchie qui régnait alors, cela a pu avoir lieu. L'émigré pouvait paraître sous un nom supposé, et voir ses desseins favorisés par les amis qu'il pouvait avoir dans les administrations.

(3) Ou *par personnes interposées.....* Ces mots furent ajoutés au projet par la commission D. — Si par la force de leur position, porte son rapport, les anciens propriétaires n'ont pu que rarement se rendre adjudicataires directs des biens confisqués sur eux; souvent ils les ont acquis par des personnes interposées. Assez souvent les spéculateurs, cédant à la force de l'opinion publique, et à cet instinct de justice naturelle dont on ne saurait se défendre à la vue des victimes d'une législation odieuse, ne portaient point d'enchères, lorsqu'un membre de la famille se présentait pour acquérir..., etc. Tout cela a facilité à un assez grand nombre d'anciens propriétaires, les moyens d'acquérir indirectement leurs biens pour un prix inférieur à leur véritable valeur..... N'est-il pas convenable d'assimiler à l'acquisition directe, l'acquisition par per-

sonne interposée, qui a eu lieu, qui devait avoir lieu bien plus fréquemment que par voie directe?

(4) C'est-à-dire, d'après l'échelle de dépréciation pour les assignats et mandats, et d'après le tableau du cours pour les autres effets reçus en paiement, et *à la date des paiemens*; serait-il juste, serait-il délicat, que, rentrés dans leurs biens autant que leur position le leur permettait, ces anciens propriétaires en demandassent le paiement sur les mêmes bases que les autres moins heureux (rapport com., D.)?

(5) *Valeurs réelles*... — La demande de M. Duboltderu, D., tendante à ce que l'indemnité fût égale au prix de la vente, réduite en numéraire au jour de l'adjudication, ne fut point appuyée. — M. le commissaire du Roi dit (S. 5 mars, Monit., n° 66.), l'ancien propriétaire possède; il a fait pour cela des sacrifices qui nécessitent une indemnité. Or, ce n'est pas le montant de l'adjudication au jour de l'adjudication qu'il a versé, mais bien la valeur des sommes qu'il a payées en appliquant l'échelle de dépréciation à chaque jour de paiement.

(6) *Ou femme*.... non divorcée. S'il y avait divorce, la loi ne serait plus applicable, car ce ne serait plus la femme de l'émigré (M. Pardessus, D., rapporteur, S. 5 mars, Monit., n° 66.)

En consentant à regarder comme personne présumée de droit interposée, la *femme* de l'ancien propriétaire, M. de Mirandol, D., demanda qu'on ajouta cette disposition. « A moins qu'à raison d'un second mariage ou pour toute autre cause, il ne soit prouvé que la remise de ces biens n'a pas été faite. »—Il est, dit-il (S. 5 mars), des femmes qui, ayant perdu leurs maris encore frappés de mort civile (et comme tels incapables de recevoir par donation), ont convolé à de nouvelles noces, et qui mères d'une nouvelle famille, ne peuvent faire aux enfans du premier lit, la remise des biens qu'elles ont achetés. Si elles se sont mariées sous le régime dotal, elles n'ont pu, sans l'autorisation de leur mari, fournir un seul écu pour l'éducation des enfans du premier lit; encore moins peuvent-elles faire des sacrifices pour leur établissement : si elles viennent à décéder, le bien tombe en partage entre les enfans des deux lits. S'il n'en existe qu'un du premier, tout l'avantage que sa mère peut lui faire, se réduit à la portion disponible; il partagera le reste avec ses frères et sœurs qui n'y avaient aucun droit. Si la mère, cédant à une prédilection aveugle, dispose de cette partie disponible en faveur d'un enfant du second lit, quel sera le sort de l'enfant du premier lit? » — La demande de M. de Mirandol ne fut pas appuyée.

On rejeta le sous-amendement de M. Miron de l'Epinay, D., ayant pour objet de faire retrancher les *femmes* du nombre des personnes interposées. « On sait, dit M. Leclerc de Beaulieu *, que ce sont les femmes en général, qui ont racheté les biens des émigrés. En les retranchant tout simplement de la classe des personnes interposées, il y aura des personnes assez peu

* S. 5 mars. Monit. n. 66.

délicates pour dire : je ne suis pas dans la classe de ceux qui sont rentrés dans leurs biens, par voie de personnes interposées, et je demande l'application de l'indemnité dans toute sa plénitude. Il semble qu'i vaudrait mieux spécifier les cas dans lesquels on pourrait prouver que les femmes ne sont pas des personnes interposées. »

(7) Cette disposition n'est point limitative. L'art. 4 s'applique à toutes personnes dont l'interposition serait prouvée, à la différence des ascendans, descendans et femmes qui sont réputées, par la loi, personnes interposées, sans qu'il soit besoin d'aucune preuve (Art. 911, 1100, 1350, C. C.). Voir le discours du ministre de l'Intérieur, p. 47, art. 4, note 1re, et les art. 13, 14 et 24 de l'ordonnance interprétative ci-après, qui portent expressément...... ; soit par ascendans, descendans, femmes ou *autres personnes interposées.* »

(8) Les présomptions qui s'élèvent contre les anciens propriétaires, touchant leur rentrée en possession par voie *directe* ou *indirecte*, ne sont point applicables, dit le rapport de la commission, D., au cas où leurs héritiers auraient acquis les biens sur eux vendus. Il n'y a que l'acquisition *directe* qui puisse leur être opposée. C'est dans ce cas seulement que leur indemnité doit être réduite à la valeur de ce qu'ils auront déboursé.

L'art. 4 porte....., l'indemnité sera égale aux valeurs réelles qu'ils *justifieront* avoir payées..... Cette justification doit être faite, si le rachat a été *directement* fait à des tiers, *par l'ancien propriétaire ou ses héritiers*, par la production d'une copie du contrat d'acquisition ayant date certaine..... — Si ce rachat a eu lieu par *personnes interposées*, on devra produire l'acte d'acquisition par la personne interposée, et l'acte de rétrocession, l'un et l'autre en forme authentique, ou ayant date certaine (art. 14, ordonnance d'exécution).

C'est aux anciens propriétaires ou à leurs héritiers à justifier du paiement des sommes qu'ils réclament; mais le gouvernement ne pourait-il pas l'établir lui-même contre eux? le cas où il y aurait intérêt à cela faire est rare, sans doute; cependant il a pu arriver qu'un acquéreur de biens nationaux ait, par scrupule ou par désintéressement, fait remise de ces biens à leur ancien propriétaire, ou gratuitement, ou pour une somme moindre que celle résultante du principe d'évaluation adopté dans l'art. 2 de la loi *. Dans ce cas, l'ancien propriétaire n'ayant régulièrement droit qu'à une indemnité inférieure à celle qui lui serait allouée d'après le principe général de répartition, pourrait-on prouver contre lui, s'il réclamait l'application de ce principe à son droit à l'indemnité, les conventions de la transaction qu'il a passée avec son acquéreur? Cela paraît conforme au vœu de la loi, qui n'a pour but que de relever l'ancien propriétaire des pertes qu'il a éprouvées, de ne lui tenir compte que de ce qu'il a réellement payé pour rentrer dans ses biens. Cette faculté semble même implicitement accordée

---

* Vid. p. 47.

au ministre des Finances, par les art. 8, 9 et 14 de la loi, et par les 35, 36, 37, 38, 46 et 48 de l'ordonnance d'exécution.

ARTICLE 5.

Les rentes trois pour cent, affectées à l'indemnité, seront inscrites au Grand-Livre de la dette publique et délivrées (1) à chacun des anciens propriétaires ou à ses représentans, par cinquième, et d'année en année (2). Le premier cinquième devant être inscrit le 22 juin 1825.

L'inscription de chaque cinquième portera jouissance des intérêts, du jour auquel elle aura dû être faite à quelque époque que la liquidation ait été terminée et la délivrance opérée.

Néanmoins les liquidations donnant droit à des inscriptions inférieures à 250 fr. de rente, ne seront pas soumises aux délais ci-dessus. L'inscription en aura lieu en totalité et avec jouissance du 22 juin 1825 (3) (ord. art. 51. 52. 53. 54.).

---

(1) *Et délivrées*... à Paris, par le directeur du Grand-Livre; dans les départemens, par le receveur-général (Ordonnance, art. 53).

(2) *Par cinquième et d'année en année*.... et non *en totalité*, immédiatement après la liquidation, ainsi

que le demandaient deux pairs (MM. le comte Roy et vicomte de Châteaubriand, (S. 18 avril, Monit. n° 110.) parce que, dit M. le min. des fin., l'émission simultanée d'un millard de valeurs non exigibles et non productives d'intérêt affecterait évidemment le crédit public, et produirait une baisse dont le dommage retomberait sur les indemnisés eux-mêmes.—D'ailleurs, dit-il, l'amendement proposé est inutile et son but est atteint. Car, dans le système de la loi comme dans celui de cet amendement, l'indemnisé a le droit de transporter, d'affecter à un emprunt par acte public ou dans toute autre forme que celle d'une négociation à la bourse, ses droits à l'indemnité dont le montant est convenu par la délivrance du premier 5me de la rente.

On proposa divers modes de liquidation et de paiement de l'indemnité.—M. le général Daboville, D., demanda (S. 8 mars, Monit., n° 68) que celui qui ne paierait pas mille francs d'impôts et qui aurait moins de 50 mille francs à réclamer, fût liquidé dans un an. — De 50 mille à 100 mille, dans deux ans par moitié. — De 100 mille à 150 mille, dans trois ans par tiers, et ainsi de suite..., et que ceux qui paieraient plus de mille francs d'impôts, ne commençassent à être liquidé qu'à dater de 1826, et par cinquième. — Sa demande fut rejetée comme mettant dans la nécessité de connaître l'impôt par chaque indemnisé, ce qui devait entraîner des longueurs et des difficultés.

Il en fut de même d'un amendement de M. Breton, D., tendant à régler l'ordre des inscriptions de rente d'après le montant des indemnités, en commençant par les plus faibles, afin de hâter la jouissance des rentes pour ceux qui seraient dans le besoin. — Le ministre des finances fit observer que le montant de l'indemnité pouvant être très-faible pour un homme riche, et très-considérable pour un homme sans autre fortune; le but de l'amendement serait manqué.

(3) Cette disposition fut ajoutée dans la discussion (S. 8 mars, Monit., n° 68) afin de prolonger le moins possible l'état de souffrance et de besoin des victimes de la confiscation, qui n'avaient droit qu'à une faible indemnité; le petit nombre de ces liquidations ne devant que très-peu entraver l'opération générale. — Dans toutes les liquidations semblables on a toujours accepté la déduction générale des sommes fixées au-dessous de tel taux. (Ministre des finances.)

ARTICLE 6.

Pour l'exécution des dispositions ci-dessus, il est ouvert au Ministre des Finances un crédit de trente millions de rentes (*) trois pour cent, qui seront inscrits, savoir : six millions le 22 juin 1825, six millions le 22 juin 1826, six millions le 22 juin 1827, six millions le 22 juin 1828 et six millions le 22 juin 1829, avec jouissance pour les rentes inscrites du jour où leur inscription est autorisée.

(*) Un député (M. Sanlot-Baguenaut) demanda,

dans la séance du 5 mars (Monit., n° 66) qu'à l'effet de pourvoir au paiement de ces nouvelles rentes, trente millions de rente pris sur celles dont la caisse d'amortissement se trouverait propriétaire au 30 juin 1823, fussent annulés, en vertu de l'art. 109 de la loi des finances de 1816, de manière à laisser disponible, dans le budjet de la dette publique, à partir du 1er juillet, ladite somme annuelle de trente millions nécessaire au service des intérêts de la rente affectée à l'indemnité, attendu qu'en créant des rentes il fallait pourvoir au service des intérêts en y affectant un fonds spécial, etc...., et que la caisse d'amortissement conservait encore une dotation plus que suffisante.— Cette demande fut rejetée.

M. le ministre des finances répondit, qu'en créant des rentes pour un service quelconque, on n'avait jamais vu la nécessité de créer en même temps un impôt pour faire face au paiement de ces rentes, par le motif que le service des rentes venant naturellement comme élément de dépenses du budjet, les recettes générales de l'État avaient été établies conformément aux charges générales parmi lesquelles les rentes étaient comprises.—Qu'il en serait de même pour les rentes à créer pour l'indemnité ; qu'une fois créées il serait du devoir du ministre, dans la proposition du bubjet, de présenter les moyens propres à satisfaire à ce service public comme à tout autre. — que l'amortissement étant le produit des impôts, la caisse d'épargne, le fonds de réserve des contribuables, il ne fallait y puiser qu'autant qu'on y était obligé, et que, dans l'état des choses, les excédens de recette existaient dans une quantité suffisante pour assurer le paiement des rentes. Que la mesure proposée diminuerait le fonds destiné à amortir la dette de l'État au moment où cette dette serait augmentée, et qu'elle serait préjudiciable aux indemnisés en ce qu'en diminuant le crédit public, elle déprécierait entre leurs mains les rentes qu'on leur donnerait.

TITRE DEUXIÈME.

De l'admission à l'indemnité et de sa liquidation.

ARTICLE 7.

Seront admis à réclamer l'indemnité, l'ancien propriétaire, et, à son défaut, les Français qui étaient appelés par la loi ou par la volonté (1) à le représenter à l'époque de son décès (2) sans qu'on puisse leur opposer aucune incapacité résultant des lois révolutionnaires (3) (ord. art. 5. 8. 30).

Leurs renonciations ne pourront leur être opposées que par les héritiers qui, à leur défaut, auraient accepté la succession (4) (ord. art. 5. 8).

Il ne sera dû aucun droit de succession pour les indemnités réclamées dans le cas du présent article et de l'article 3 (5) (ord. art. 61).

---

(1) Le projet n'admettait que les héritiers en ligne directe ou collatérale au degré successible. Par-là étaient exclus les donataires et légataires universels. —C'est aux familles dépouillées, dit M. le commissaire du Roi (exposé des motifs), aux familles que

la révolution a frappées, qu'est destinée l'indemnité.

L'article 2 de la loi du 5 décembre 1814, ajouta-t-il, portait que les biens non vendus seraient rendus en nature à ceux qui en étaient propriétaires ou à *leur héritiers ou ayant cause*, sans aucune autre indication; et, dans les débats élevés entre les héritiers et les légataires, la jurisprudence de la Cour de cassation s'est prononcée en faveur des héritiers *.

En admettant, par la rédaction ci-dessus qui fut adoptée, tous les Français appelés par la loi ou par la volonté de l'ancien propriétaire, c'est-à-dire les donataires et légataires universels aussi bien que les héritiers naturels, la Commission, D., pensa que la volonté de l'homme devait être respectée, et prévaloir sur la disposition de la loi.

Celui qui, dans la terre d'exil, porte le rapport, a pu léguer à un ami, à un hôte bienfaisant, tout ce qu'il possédait, n'avait pas sans doute l'intention d'y comprendre une indemnité que tant d'événemens rendaient problématique. Aussi, admettre son légataire universel à la réclamer, ce serait donner à sa volonté une extension qu'elle n'avait pas.

Mais si quelqn'un avait donné ou légué toute sa fortune présente et à venir, avant l'époque des confiscations, ou bien, lorsqu'il n'en avait encore aucune connaissance, le droit de réclamer l'indemnité ne

---

* Arrêts de la Cour de Cassation des 25 janvier 1819, 9 février 1823, et 18 février 1824, qui excluent les légataires universels, du droit de réclamer les biens restitués par la loi du 5 décembre 1814. S. 19. 1. 76.

saurait être raisonnablement contesté à l'institué. Que si, depuis la restauration qui donna le juste espoir d'une indemnité aux anciens propriétaires, pendant même la discussion de la loi d'indemnité, un propriétaire de biens confisqués avait fait une institution universelle, ce serait méconnaître sa volonté que de refuser à l'institué le droit de réclamer cette indemnité.

Il n'y aurait donc incertitude sur la volonté que pour les institutions faites depuis la confiscation jusqu'à la restauration, et il faudrait encore faire des distinctions. Si le droit d'indemnité a été donné ou légué clairement, la volonté doit être respectée.

C'est aux tribunaux à juger d'après les circonstances, si le donateur ou le testateur a entendu donner ou léguer le droit d'indemnité, les lois n'étant faites que pour poser des règles générales, et non pour prévoir des cas purement accidentels.

On proposa (MM. de Moustier, Nicod de Ronchaud, de Fougière et Duhamel, D., S. du 9 mars, Monit. n° 69, sup.) de n'admettre les donataires et légataires universels à l'indemnité, qu'autant que la donation ou le testament renfermerait une *clause expresse de transmission de droits éventuels* sur les biens confisqués ou leur valeur.

Attendu, dit M. le marquis de Moustier, que lorsque l'émigré qui, dans l'exil, aurait trouvé une secrète satisfaction à faire, par cette déclaration, une sorte de protestation contre la confiscation, avait gardé un silence volontaire sur une pareille intention; on devait présumer qu'il n'avait prétendu léguer que ce qu'il possédait de fait, et non des droits bien compromis. — Que depuis la restauration, alors qu'il eût pu léguer l'effet éventuel d'un espoir fondé à certains égards, il serait inconséquent de lui supposer une pensée qu'il n'avait point exprimée. Qu'enfin, il était hors de propos d'abandonner aux interprétations divergentes des tribunaux ce qu'on pouvait déterminer dans la loi.

M. Bonnet, D., combattit cet amendement en disant que la loi ne transmettait que dans le cas où la volonté de l'homme n'était pas exprimée; que la transmission légale était donc soumise à la volonté de l'homme. — Que la qualité d'héritier institué renfermait non-seulement ce que le testateur connaissait de sa fortune, mais même tout ce qui lui était inconnu, le prévu et l'imprévu, le positif et l'éventuel, parce que l'institution d'un légataire universel renfermait la totalité des biens. — Que puisqu'il y avait des testamens d'émigrés qui contenaient cette clause particulière, cela prouvait qu'on n'avait pas perdu tout espoir, sans le manifester par une clause insolite, puisque le mot légataire universel renfermait tout. — Qu'ainsi, au lieu d'exiger une clause formelle de transmission, il était plus conforme aux principes généraux de comprendre dans les legs universels, l'universalité des biens, et par conséquent l'indemnité, à moins que des termes mêmes du testament, il ne résultât aux yeux de l'autorité judiciaire appelée à examiner, l'indice ou la preuve que le testateur n'avait pas entendu comprendre cette indemnité.

Remarquons enfin, dit-il, que l'héritier testamentaire qui, *loco hæredis*, aurait payé toutes les dettes de la succession, conserverait pour lui les dettes, et que l'indemnité serait aujourd'hui accordée à l'héritier du sang qui n'aurait rien payé.

Un autre député, M. Mestadier, ajouta que les amendemens supposaient que le silence sur un objet que n'avait pas le testateur à l'époque du testament, excluait cet objet de la disposition universelle, ce qui n'était pas soutenable.

En vain, M. Nicod de Ronchaud, D., prétendit que pendant le long espace de temps qui s'était écoulé entre la confiscation et la restauration, les émigrés n'avaient pas eu et n'avaient pu avoir une espérance fondée de recevoir une indemnité pour la vente de leurs biens, et conséquemment qu'on ne pouvait leur supposer l'intention d'avoir compris cette indemnité dans leurs donations ou dispositions testamentaires—Que, sans doute, la volonté connue devait être respectée; mais que ce serait la dénaturer que de lui substituer, d'une manière absolue, une intention que l'on n'avait pu concevoir, et qu'étant reconnu que le très-grand nombre d'émigrés n'avait pas eu l'intention de disposer d'une indemnité qu'ils n'avaient pas l'espérance de recevoir, c'était pour cette immense majorité que la règle générale devait être établie.

L'amendement fut rejeté.

M. Chifflet dit contre l'amendement: On voudrait que le testateur eût mentionné expressément des droits aux biens confisqués ou à leur valeur; mais le pouvait-t-il? On eût regardé l'acte comme attentatoire à l'ordre public.—Que pouvait-il faire? le comprendre dans une disposition générale....—Que l'on n'oppose pas quelques dispositions inconvenantes : les lois ne se font pas pour des cas particuliers. D'ailleurs, en adoptant le système présenté, on annulerait en même temps un très-grand nombre de dispositions très-naturelles, très-morales, faites en faveur d'un parent ou d'un ami...; — Mais, pour quelques legs blâmables, doit on annuler ceux de la reconnaissance, de l'amitié, de la générosité (Le vicomte Lainé, P., S. 19 avril, Monit. n° 111)?

On rejeta également un amendement de M. Delorme, D., qui avait pour objet d'exiger l'énonciation spéciale du droit à l'indemnité, seulement dans les dispositions faites par des personnes décédées dans l'intervalle de la paix d'Amiens, au 1er janvier 1814, tout espoir de réintégration dans les biens, ou d'indemnité, étant perdu par la consolidation de l'état des choses; et conséquemment la transmission des droits y relatifs n'entrant nullement dans la pensée des émigrés, sauf déclaration expresse.

Un député, M. de Frénilly (Monit. n° 70), proposa d'admettre à réclamer l'indemnité, l'ancien propriétaire et celui à qui il aurait transmis ses *droits* spécialement et par un acte légal, dans les limites fixées par les lois existantes lors de la transmission *.

---

* Exemple : un émigré ou son héritier, habile à recueillir l'indemnité, a vendu, depuis un an ou deux, la part qui devait lui revenir, il en a reçu le prix et il est mort un mois ou deux avant la loi d'indemnité ; son héritier viendra-t-il, en vertu de l'art. 7, recueillir l'indemnité dont il a déjà recueilli le prix dans la succession? Si le vendeur vivait lors de l'exécution de la loi, il n'oserait, dit M. de Frénilly, recueillir cette indemnité, il y aurait stellionat. Or, l'héritier n'exerce d'autres droits que ceux qui lui ont été transmis.

—Attendu que les don et legs n'étaient pas les seules voies de transmission libre et légale, et qu'on ne pouvait en admettre deux, en repoussant les autres. — Cette proposition ne fut pas appuyée.

Quid, du cessionnaire des droits successifs? En thèse générale, le cessionnaire représente le cédant. Il exerce tous ses droits; mais ce n'est que relativement à l'objet de la cession. Il est une maxime qui porte que, dans un acte, on ne suppose pas ce qui ne se présume point avoir été dans l'intention des parties (art. 1156, C. C.). La Cour royale de Paris en a fait l'application dans son arrêt du 30 décembre 1817, S. 18, 2, 347. Cette Cour a jugé que la vente des droits successifs ne comprenait *que les choses que les parties avaient eu en vue et sur lesquelles il était vraisemblable qu'elles avaient eu intention de traiter.* — Il s'agissait, dans l'espèce d'une cession de droits successifs, faite en 1811, par le légataire universel d'un émigré; cession que l'on voulait étendre aux biens invendus restitués aux émigrés ou à leurs héritiers, par la loi du 5 décembre 1814. La Cour décida que cette loi profitait au légataire universel par préférence au cessionnaire, et que les biens restitués, encore sous le séquestre à l'époque de la cession, n'étaient pas réputés avoir été dans l'intention des contractans.

Il existe une différence essentielle entre l'acquéreur de droits successifs et le légataire universel. Le premier n'est qu'un acquéreur à titre particulier qui n'exerce les droits et ne recueille que les avantages qui lui ont été cédés. La raison enseigne que *neque de pacto continetur, id de quo cogitatum non docetur.* Il est absurde de supposer que l'héritier vendeur cède des droits et des biens dont il n'est pas saisi. — Le légataire universel, au contraire, représente le testateur, *in universum jus.* Son droit comprend le connu et l'inconnu; il profite des accroissemens; il recueille les bénéfices certains et ceux qui ne sont qu'éventuels. La cession n'est pas un contrat aléatoire, car il n'y a point de chance à courir; c'est un contrat commutatif; le prix stipulé est l'équivalent des droits acquis. La Cour royale de Paris consacra ces principes dans son arrêt, dont l'un des *considérant* porte encore « que l'héritier ou légataire, en vendant l'émolument de la succession ou du legs, conserve le titre d'héritier ou de légataire qui est personnel et ne peut être aliéné, qu'il reste le représentant ou l'ayant-cause du défunt à titre universel, l'acquéreur ne le devenant qu'à titre singulier, à raison des choses comprises dans la cession. »

Tout repose donc ici sur la nature de l'intention des contractans; c'est elle seule qui fait la loi, et que les tribunaux doivent rechercher avec soin. Elle ne peut être douteuse pour les cessions antérieures à l'époque où l'on put concevoir l'espérance d'une restitution. Un jugement du tribunal d'Issoire, du 13 juin 1816, écarta un cessionnaire, par la considération que, les biens dont il s'agissait étant irrévocablement réunis à la dotation du sénat à l'époque de la cession, ils n'avaient pu y être compris d'intention; que dans la supposition même où ils l'auraient été nominativement, cette clause eût été, par les lois existantes, déclarée comme non avenue ; tout traité, toute transaction sur ces biens étant interdite.

— Cet jugement fut confirmé sur l'appel par la Cour royale de Riom, le 3 mars 1816. Il y eut pourvoi, mais il fut rejeté, *après délibéré* par arrêt du 25 janvier 1819 (S. 19 I 239), « attendu qu'il avait été reconnu et déclaré, par la Cour royale, que le cédant n'avait pas entendu vendre, ni le cessionnaire acquérir, les biens dont la loi du 5 décembre 1814 avait ordonné la remise ; et qu'en le jugeant ainsi, la Cour n'avait pu violer aucune loi. »

Ces principes semblent devoir s'appliquer plus particulièrement à la loi de l'indemnité, qui n'est que le complément de celle du 5 décembre 1814, et à l'égard de laquelle l'intention des contractans était moins présumable encore. — Destinée d'ailleurs à réparer les pertes des familles dépouillées, cette loi repousse, dans son principe comme dans son application, tout réclamant qui se présenterait plutôt comme spéculateur que comme membre naturel ou élu de ces familles.

Tout ce-dessus se rattache à la question depuis si long-temps agitée, de savoir si, lorsque depuis la cession faite par un héritier de parties de ses droits successifs, son co-héritier vient à renoncer, la part de de celui-ci accroît (art. 786. C. C.), au cédant ou au cessionnaire ; et se co-ordonne parfaitement avec la décision favorable au cédant, adoptée par Merlin, Cujas, etc., contre Barthole, Duaren et quelques autres docteurs.

(2) *A l'époque de son décès*, le projet portait : *A*

l'époque de la promulgation de la présente loi. Il établissait ainsi un principe, que la commission détruisit pour lui substituer celui de l'article.

De-là, deux systèmes.

On dit pour le premier: l'indemnité est la représentation de l'immeuble confisqué. Elle est le remboursement d'une valeur injustement perçue. Sa cause se rattache donc à la propriété, et le droit qu'elle consacre aujourd'hui, a sa source dans la confiscation consommée depuis trente années. L'indemnité semblerait dès-lors pouvoir être considérée comme ayant toujours fait partie des biens ou des actions possédées par l'ancien propriétaire; et de-là on pourrait conclure que son application devrait être faite à ceux des héritiers qui auraient été appelés par les lois existantes à l'époque où la succession s'est ouverte.

Mais les plus puissantes considérations s'élèvent contre l'admission de cette conséquence. Le droit reconnu et consacré par la loi actuelle n'a formé long-temps qu'une espérance légitime, qu'une expectative juste et naturelle, mais qui, aux yeux de la loi civile et existante, n'était pas de nature à être comprise dans la disposition de l'homme. — D'un autre côté, en faisant remonter l'application de la loi actuelle, à l'ouverture des successions respectives des anciens propriétaires, on manque le but désiré. — C'est en faveur des enfans, et à défaut, des parens les plus proches; c'est en faveur de ceux qui représentent de plus près l'homme dépossédé, que les remises de confiscation ont toujours été prononcées à quelque titre qu'elles fussent faites, soit de don, soit de restitution, soit de désistement. C'est aux familles dépouillées, aux familles que la révolution a frappées, que l'on destine l'indemnité. Si on fait rétroagir son application, l'on trouvera dans un intervalle de trente années, trois législations différentes, sous l'empire desquelles la succession devra être divisée, et ensuite subdivisée toutes les fois qu'elle aura été ouverte à plus d'un degré.—Ainsi, l'on n'appelerait pas les parens les plus proches, ceux qui forment réellement la famille, ceux à qui l'on destine le dédommagement, mais les représentans des héritiers, lesquels seraient souvent aujourd'hui étrangers à l'ancien propriétaire (Exposé des motifs, D.)

On ajouta (M. Bazire, S. 8 mars, Monit., n° 69) qu'à la vérité ce système n'était point en harmonie avec le droit civil, mais que, puisqu'il y avait des raisons suffisantes pour s'en écarter, on pouvait le faire, ayant déjà sacrifié ses règles immuables, touchant la création des rentes 3 p. 0/0, l'attermoiement des payemens, les intérêts des créances dues par les émigrés, etc.

On dit pour le second système: L'art. 7 est une dérogation au droit commun, et rien ici n'autorise à s'écarter des principes du droit civil (Art. 718 et 725, C. C.). On doit toujours distinguer entre la restitution *de grâce* et la restitution *de justice*.

La restitution de grâce suppose un crime, une peine justement prononcée, un pardon. C'est une libéralité du prince, elle ne peut profiter qu'à ceux qui en sont l'objet actuel.

---

* Celles produites dans l'Exposé des motifs.

La restitution de justice est une proclamation d'innocence faite par un tribunal s'il y a eu condamnation régulière, ou résultante du rétablissement de l'autorité légitime, si c'est la tyrannie qui a proscrit; alors le restitué reprend ses biens en nature, s'il est possible, ou en valeur; et le droit de le représenter appartient à ceux qui étaient ses héritiers à l'instant de sa mort naturelle.

Ce que la raison et la justice enseignent, les lois de la révolution l'ont reconnu elles-mêmes. — La loi du 10 juillet 1790, ayant rendu aux religionnaires leurs biens confisqués, l'art. 17 du décret du 9 thermidor an 2, déclara que le droit de leurs héritiers était réglé suivant les dates effectives de l'ouverture des successions.

Principes semblables dans les lois des 21 prairial et fructidor an 3, 20 prairial an 4, et dans un avis du conseil d'État, revêtu, le 9 thermidor an 10, de l'approbation qui lui donnait alors le caractère législatif, lequel décida que le droit de réclamer les biens restitués aux émigrés, par l'acte du 6 floréal an 10, appartenait à leurs héritiers du jour de la mort.

La loi du 5 décembre 1816, a été, dit-on, comprise et exécutée différemment d'après la jurisprudence de la Cour de cassation. Mais cette cour, qui avait décidé d'une manière bien différente, touchant les lois ci-dessus citées *, a été entraînée par une rédaction

---

* Un arrêt de la Cour de Cassation, du 21 décembre 1807 (S. 8.-1. 113.) décida que la succession d'un émigré était dévolue, non pas au plus proche parent au moment de l'amnistie et de la restitution, mais au plus proche à l'époque du décès.

Cette même Cour décida, le 7 août 1820 (S. 21.-1. 114) que la suc-

équivoque de la loi du 5 décembre 1814, par l'opinion reçue que la loi était un acte de *libéralité* et non de *justice* (*).

Quant aux embarras des divisions et subdivisions, à cause des diverses lois survenues, et aux procès qui peuvent en naître, n'auraient-ils pas eu lieu sans la confiscation; les biens n'auraient-ils pas été transmis et partagés suivant les lois du décès du propriétaire?

L'indemnité était due à ceux dont les biens ont été confisqués à l'instant où l'État s'en est emparé, d'après la loi qui ne permet pas de dépouiller un propriétaire sans l'indemniser; puisque ce propriétaire avait des droits à cet égard, son héritier les a trouvés dans sa succession; ils lui ont été transmis à l'instant du décès, par le principe que la mort saisit le vif, *Quoad personam et universum jus defuncti* (rapp. de la commission, D).

Celui-là a droit à l'indemnité, qui aurait eu la chose si elle n'avait pas été confisquée (M. Bonnet, D.). — L'indemnité, prenant en quelque sorte la place des

---

cession d'un émigré amnistié après son décès, était réputée ouverte du jour de l'amnistie.

* L'arrêt qui a jugé en faveur de l'héritier du jour de la loi, contre l'héritier du jour de la mort, est du 9 mai 1821. Voici un de ses motifs : « Considérant que si la loi du 5 décembre a fait cesser, du moment qu'elle a été publiée, tous les effets de la confiscation, elle « ne les a pas abolis pour le passé, de manière à faire considérer les « biens comme s'ils n'étaient jamais sortis des mains des anciens propriétaires; que ce fut pour lever tous les doutes à cet égard, que « le mot *restitué*, qui se lisait dans le projet de loi, en fut retranché, « et qu'il y fut substitué celui de *rendu*; qu'il ne peut par conséquent « être question de restitution, etc., etc. » — Il y a un arrêt contraire de la Cour de Besançon, du 20 novembre 1820 (S. 21. - 2. 311).

biens confisqués, devrait avoir le même sort que ces biens auraient eu s'ils fussent demeurés entre les mains des propriétaires (ministre des Finances, Ch. P., S, 19 avril, Monit., n° 111).

(3) *Sans qu'on puisse leur opposer aucune incapacité résultant des lois révolutionnaires.....* Cette disposition fut ajoutée par la commission D. Il peut se faire, lit-on dans le rapport, que des personnes soient mortes à des époques où les lois de la révolution les frappaient de mort civile, et que même leurs héritiers se trouvassent atteints par la même mesure.......

La tyrannie et la fureur avaient seules créé ces incapacités; elles ont disparu lorsque la légitimité et la bonté sont remontées sur le trône. L'ordonnance du 21 août 1814, déclare qu'aucune différence n'a pu être admise aux yeux de la loi comme aux yeux du Roi, entre les Français qui gémissaient de son absence, dans l'intérieur, et ceux qui l'ont consolé au dehors..

Mais c'est seulement quant à ce qui concerne l'indemnité que la loi relève des incapacités. Sans cette disposition, le bienfait de la réparation deviendrait illusoire. Mais elle est toute spéciale dans ses termes comme dans l'esprit de la loi, et ne peut être étendue à aucun autre objet. Par là toutes les inquiétudes sont dissipées (commissaire du Roi, Ch. P., S. 19 avril, Monit, n° 111).

Par la loi du 28 mars 1793, les émigrés furent déclarés morts civilement. On entend par mort civile, la privation de toute participation aux droits civils français. Ainsi le mort civilement ne peut plus recueillir une succession, ni transmettre la sienne, qui s'ouvre au profit de ses héritiers, comme s'il était mort naturellement et sans testament. Il ne peut, ni disposer de ses biens par donation, ni contracter mariage, ni..... (art. 25, C. C.); mais il peut faire tous les contrats du droit des gens, acheter, vendre et poursuivre le paiement de l'objet vendu (Cass., 7 avril 1809, rejet. Bordeaux, S. 17. 1. 421.) — La cour de Cassation décida, par arrêt du 16 mai 1808, S. 8. 1. 297, que le mariage contracté par l'émigré dans l'étranger, durant la mort civile, était nul et sans effet en France, même après son amnistie. — Par un autre arrêt du 24 floréal an 13, S. 1. 510, que la femme d'un émigré avait pu contracter valablement sans autorisation. — Mais les contrats qu'elle pouvait avoir faits, n'obligeaient point le mari (Paris, 20 mars, 1817, S. 18. 2. 16.). — Au moyen de la disposition ci-dessus, toutes les incapacités disparaissent, et à l'égard de l'indemnité, mais de l'indemnité seulement, l'émigré sera considéré comme ayant toujours joui de ses droits civils; il y prendra donc part pour toutes les successions auxquelles il eût pu être appelé, sans qu'on puisse lui opposer l'incapacité où il était de les recueillir à leur ouverture.

(4) L'amendement qui fut présenté par la commission, portait seulement : *ni leur renonciation......* Après ces mots *lois révolutionnaires.....* M. Chifflet, D., demanda (S. du 9 mars, Monit., n° 70) de remplacer cette rédaction par celle de l'art. ci-dessus, attendu que l'on devait respecter les droits acquis, et que l'héritier

---

* Purement ou sous bénéfice d'inventaire. L'art. 770, C. C. ne distingue pas, on s'y est tacitement référé. (M. Martignac, ch. P. 19 avril, monit. 111.)

qui avait accepté une succession déjà répudiée, s'il en avait payé les charges, représentait le défunt et avait un droit dont il ne pouvait être dépouillé sans injustice (art. 790, C. C. *Semel hæres semper hæres*) *.

Cette faculté n'est applicable qu'aux héritiers et non aux créanciers qui se seraient fait autoriser (art. 788, C. C.) à accepter, et c'est pour la restreindre ainsi, que ce mot, *héritier*, fut subsistué sur l'observation de M. le ministre de la Justice, à celui de *personnes*, contenu dans l'amendement de M. Chifflet.

(5) Cette disposition est encore un amendement de la commission, qui pensa que l'Etat qui acquittait au bout de trente ans et sans restitution de fruits, la dette des indemnités, n'avait pas l'intention de percevoir des droits de succession sur le capital dont il se reconnaissait débiteur (rapp. de la comm., D).

M. le commissaire du Roi fit observer, que l'art. 70 de la loi du 22 frimaire an 7, exemptait des droits les transfers et mutations de rente, qu'ainsi l'amendement était en quelque sorte inutile, à moins que les rentes de l'indemnité se rattachant à des propriétés foncières, on eût voulu prévenir toute difficulté.

ARTICLE 8.

Pour obtenir l'indemnité, les anciens propriétaires ou leurs représentans se pourvoiront devant le préfet du département où sont situés

---

* La remise des biens non vendus, peut être une cause de restitution contre la renonciation à la succession d'un émigré. (22 avril 1816. Cass. Paris. S. 16. - 2. 375).

les biens-fonds vendus (1) le Préfet transmettra la demande au Directeur des domaines du département, qui dressera le bordereau d'indemnité, conformément aux dispositions précédentes (2) (ord. art. 5. 19. 20. 21. 22. 23. 24. 25. 26. 27. 28. 30. 31. 33).

Le bordereau sera communiqué aux réclamans (3), ensuite adressé par le Préfet au Ministre des finances avec les pièces produites. Il y joindra son avis motivé, qui portera tant sur les droits et qualités des réclamans, que sur les énonciations du bordereau, et les observations ou réclamations qu'il aurait reçues (ord. art. 32. 33. 34. 35. 36. 37. 38. 39).

---

(1) *Se pourvoiront devant le préfet du département où sont situés les biens vendus.... quid* à l'égard des biens-fonds situés hors de France, qui forment l'objet de l'amendement de M. de Wangen *? Il semble que le réclamant devra se pourvoir devant le préfet le plus voisin, devant celui dans le département duquel se trouveraient ces biens-fonds, s'ils n'eussent pas été distraits de la France par le traité de 1815, et non devant le préfet de son domicile. En effet, on peut, étant sur les lieux, obtenir des renseignemens plus exacts sur les biens et les individus, et réunir avec

---

* V. art. 1. note 8.

plus de facilité et de promptitude, les élémens nécessaires pour la dresse des bordereaux d'indemnité *, et pour la rédaction de l'avis motivé que les préfets doivent porter sur les droits et qualités des réclamans, sur les bordereaux, etc. Il est à regretter que, pour lever toute difficulté à ce sujet, l'ordonnance d'exécution du 1er mai, n'aie pas réparé l'omission faite à cet égard par les chambres.

(2) Ce premier paragraphe fut adopté tel qu'il était dans le projet. On rejeta l'amendement de M. le marquis de Courtavel, ayant pour objet la création d'une commission de cinq membres, au chef-lieu, pour aider le préfet de ses soins, et comme offrant aux citoyens et à l'État, une plus grande garantie d'impartialité, d'exactitude et de justesse dans ses opérations.

La demande en liquidation devra contenir: 1°. 2°. (Voir l'ordonnance d'exécution du 1er mai, art. 6.)

(2) *Sera communiquée aux réclamans.* — Cette disposition fut ajoutée au projet par la commission, D. — Elle ne donna lieu à aucune discussion. — Cette communication mettra ainsi les réclamans à même de critiquer le travail du directeur des domaines, et de relever les erreurs qui pourraient s'y être glissées. Elle préviendra les réclamations ultérieures, et provoquera plus d'attention de la part des employés à la dresse des bordereaux d'indemnité.

---

* Comme matrices de la contribution foncière, actes d'acquisition, de transmission, partages de pré-succession, etc., etc.

ARTICLE 9.

Le Ministre des Finances vérifiera, 1° s'il n'a pas été payé de soultes ou de dettes à la décharge du propriétaire dépossédé. 2° S'il ne lui a pas été compté, en exécution de la loi du 5 décembre 1814, des sommes provenant de reliquats de décompte de la vente de ses biens; 3° s'il ne s'est pas opéré des compensations pour les sommes dues par lui au même titre; 4° (1) si quelques-uns des biens vendus sur lui ne provenaient pas d'engagemens ou autres aliénations du Domaine Royal, qui n'auraient été maintenus (2) par les lois des 14 ventôse an 7 (4 mars 1799) et 28 avril 1816, qu'à la charge de payer le quart de la valeur desdits biens; auquel cas il sera fait déduction du quart sur l'indemnité due pour les mêmes biens (ord. art.).

Il sera adressé un état des déductions à opérer (3), dans lesquelles ne seront pas comprises les sommes payées à titre de secours, aux femmes et enfans, les gages de domestiques, et autres payemens de même nature (4), faits en assignats, et en exécution des lois des 4 avril 1792 et 12 mars 1793 (ordon. art. 2. 3. 31).

Quelque soit le total de ces déductions, il ne pourra diminuer l'affectation des trente millions de rente fixés par l'art. 1er.

---

(1) Cette disposition n° 4, fut ajoutée par la commission D. Il serait injuste, dit le rapporteur, que les engagistes dont les biens ont été confisqués et aliénés, n'eussent aucun droit à l'indemnité, puisqu'ils perdraient entièrement une propriété que les autres Français ont pu conserver moyennant un quart de l'estimation. Mais il doit être déduit sur cette indemnité un quart pour représenter ce qu'ils auraient été obligés de payer comme les autres Français engagistes.

On demanda si on considérerait comme biens pris sur les émigrés, ceux qui leur appartenaient à titre d'engagement, et qui, après la révocation de l'engagement, auraient été vendus comme domaines nationaux.

M. le rapporteur D, répondit que si l'émigré échangiste était resté, il aurait joui du droit de reprendre son bien en payant le quart de sa valeur; qu'ainsi il devait, si son bien avait été vendu, obtenir l'indemnité, déduction faite du quart * (Monit. n° 70.).

Une loi du 1er octobre 1790, déclara tous engagemens révocables par des lois spéciales. — Une autre du 3 septembre 1792, révoqua tous les engagemens, et laissa les engagistes en jouissance jusqu'au rem-

* « L'engagement, dit Daguesseau, tom. 7. pag. 278, est une convention par laquelle le Roi ou tout autre débiteur, abandonne la jouissance d'un de ses domaines, pour tenir lieu des intérêts du capital qu'on lui prête, jusqu'à ce qu'il puisse le rendre à son créancier. » — C'est ce que l'on appelle antichrèse dans le droit romain : *antichresis est species pignoris ita dati est, donec pecunia solvatur pignore creditor utatur fruatur in invicem usurarum*, dit *Cujas*. — Un arrêt du Parlement de Douai, du 2 avril 1778, décida que le domaine engagé tient nature d'immeuble dans la main de l'engagiste.

boursement de leurs finances. — La loi du 10 frimaire an 2, ordonna la dépossession immédiate des engagistes, sauf à eux à se faire liquider. — Enfin, celle du 14 ventôse an 7, admit les engagistes à conserver les biens sous la seule condition de payer le quart de leur estimation.

(2) Ces mots: *qui n'auraient été maintenus*, furent ajoutés à l'amendement de la commission, sur la demande du commissaire du Roi, qui observa que la loi du 14 ventôse an 7, art. 5, exceptait certains de ces biens de la réduction du quart (Monit. n° 70).

(3) *Etat des déductions à opérer*, c'est-à-dire des sommes payées aux émigrés ou à leur décharge, et dont la liquidation a été faite d'abord par les administrations départementales, ensuite par le conseil général de liquidation, et enfin par l'administration des domaines (Exposé des motifs D).

Le relevé de ces divers paiemens se porte à 309, 940, 648 francs.

On fit observer: d'après la proposition du gouvernement, les émigrés ne sont passibles que du capital de leurs dettes; mais pour les créanciers qui ont été liquidés tardivement, jusqu'au 30 juin 1810, on a ajouté au capital les intérêts, d'où il résulte une augmentation du capital. Devra-t-on précompter à l'émigré cette cumulation de l'intérêt avec le capital?

M. le ministre des finances répondit qu'on n'avait pu connaître aucune espèce de détails, qu'on n'avait pu saisir que les masses de liquidations faites à diverses époques, d'après diverses lois; savoir: la liquidation de floréal an 3, dans les départemens; la liquidation du 24 frimaire an 6, faite provisoirement dans les départemens, et ensuite définitive à Paris, et enfin, le conseil général des liquidations, depuis le 1.er messidor an 4, jusqu'au 30 juin 1810. — Qu'il était impossible de savoir si dans toutes ces liquidations les créanciers avaient reçu des intérêts. — Que le gouvernement avait pris le montant de ces liquidations pour établir la somme totale, par conséquent, que si une portion quelconque d'intérêts était entrée dans le calcul, il faudrait en déduire d'autant la somme fixée à 309,940,645 fr.; qu'au reste, ce n'était que dans l'exécution de la loi que l'on pourrait, s'il y avait lieu, déduire les intérêts qui avaient été cumulés avec le capital (Monit. n.° 70).

(4) Ces paiemens, qui s'élèvent à 77 millions, furent prélevés sur le prix des meubles, sur les revenus des biens séquestrés, et comme l'indemnité ne se compose que du prix des immeubles vendus, on crut juste de ne pas porter en déduction, des charges étrangères à la propriété, et qui avaient été prélevées sur d'autres produits (Exposé des motifs, D).

ARTICLE 10.

Le Bordereau d'indemnité et l'état des déductions seront transmis par le Ministre des Finances à une commission de liquidation nommée par le Roi. (ord. art. 40, 41. 42. 43. 44.)

Et composée, était-il dit dans le projet, *de quatre ministres d'Etat, de trois conseillers-d'Etat, de trois conseillers-maîtres de la cour des Comptes et de six maîtres des requêtes, faisant les fonctions de rapporteurs.* — La commission, D, retrancha cette disposition comme tendante à limiter la prérogative royale. Elle pensa que ce n'était point dans une loi qu'on pouvait désigner les qualités, le nombre des personnes à qui le roi jugerait convenable d'accorder sa confiance. (Rapport, D.) *.

On proposa (M. de Colligis, D., S. 10 mars, Monit. n° 71.) de diviser tous les départemens en cinq séries qui seraient appelées par la voie du sort à faire liquider leurs droits, sauf à renvoyer après la liquidation générale, les demandes qui n'auraient pas été présentées ou admises en temps utile, faute d'être en règle, afin, dit-on, de mettre de l'ordre dans les opérations de la commission de liquidation, et par conséquent de les accélérer.

Cette proposition ne fut pas accueillie. Le rapporteur fit observer, qu'un émigré pouvant avoir des biens dans plusieurs départemens **, elle serait un obstacle à la liquidation qui devait porter sur la totalité, et qu'elle nécessiterait de trop nombreux ajournemens à la fin de l'opération. — D'ailleurs, ajouta-t-il, le roi, libre dans son choix, pourra créer une commission assez nombreuse pour se diviser en sections, et accélérer ainsi l'opération.

* Voir ci-après, l'ordonnance portant nomination des membres de la Commission.

** Par exemple, Mgr. le duc d'Orléans qui en a dans 60 départ.

ARTICLE 11.

La commission procédera d'abord à la reconnaissance des qualités et des droits des réclamans. — Dans le cas où elle jugerait la justification irrégulière ou insuffisante, elle les renverra devant les tribunaux pour faire statuer sur leur qualité, contradictoirement avec le Procureur du Roi (1).

S'il s'élève entre les réclamans des contestations sur leurs droits respectifs, la commission les renverra également à se pourvoir devant les tribunaux, pour faire prononcer sur leurs prétentions, le ministère public entendu. — Il y sera statué comme en matière sommaire, à moins qu'il ne s'élève quelque question d'état (2) (ord. art. 46.).

---

(1) La commission, D., proposa d'ajouter ici, ces mots, *sur simples mémoires et sans frais.* — Cette addition fut rejetée, attendu qu'il n'y avait pas de raison pour déroger à la procédure ordinaire, pour établir une sorte d'instruction à huis clos; qu'il pourrait d'ailleurs s'élever des questions d'Etat dont la discussion devait essentiellement subir une épreuve publique.

(2) Cette disposition fut ajoutée au projet par la commission, D., dans la vue d'économiser les frais de

procès et d'accélérer l'opération. Elle considéra que le Code de procédure rangeant au nombre des matières sommaires, les affaires qui requéraient célérité, celles-ci pouvaient être du nombre. — M. Bonnet, D, fit envain observer, que des questions de généalogie, etc. n'étaient pas des matières sommaires.

ARTICLE. 12.

Quand la justification des qualités aura été reconnue suffisante, ou qu'il aura été statué par les tribunaux, la Commission ordonnera qu'il sera donné copie aux ayant-droit des bordereaux dressés dans les départemens, et de l'état des déductions proposées par le Ministre des Finances *; et elle procédera à la liquidation après avoir pris connaissance de leurs mémoires et observations (ord. art. 47. 49. 50).

---

* *Et par elle vérifiés sur pièces ou régistres*, proposa d'ajouter ici M. Bacot de Romans, D. (S. 10 mars, monit. n° 71); attendu, dit-il, que si la commission n'était pas investie de ce droit ou plutôt chargée de ce devoir, l'imputation d'une dette de 309,949,645 f. (montant des déductions), ne serait plus que l'œuvre des commis, conséquemment sujette à erreur. — Cet amendement fut rejeté comme inutile, attendu qu'il était dans l'esprit de la loi.

«Il ne peut y avoir de liquidation, dit M. le ministre

des finances, que par la discussion du montant des bordereaux, et du montant des dettes entre l'agent du gouvernement et le réclamant. Devant qui cette contestation aura-t-elle lieu? devant la commission chargée de la liquidation, et encore si le réclamant n'est pas content du jugement de la commission, il pourra se pourvoir devant le conseil-d'Etat. — Le réclamant n'a qu'à constater le prix des ventes ou le revenu: voilà son droit à l'indemnité établi. Ce sera au gouvernement à prouver qu'il a payé des dettes à la charge du réclamant. (M. n° 71).

M. Leroy, D., proposa l'amendement suivant: « Mais « il ne pourra en aucun cas être exercé aucune espèce « de recours pour raison des liquidations de créances, « ces liquidations étant et demeurant définitives. »

M. Bonnet le sous-amenda en ces termes: « Si ce « n'est dans le cas où l'indemnisé rapporterait la preuve « légale d'un double paiement, et alors, il aurait droit « seulement de se faire restituer par le créancier li- « quidé, la valeur de la liquidation appréciée à l'époque « où elle a été délivrée. »

En développant les motifs de son amendement, M. Leroy dit: « La loi d'indemnité est un acte de justice, mais elle est par cela même, mais elle est par-dessus tout, une mesure d'intérêt général, fondée sur la nécessité d'effacer après trente ans, toutes distinctions entre les diverses natures de propriétés et toutes causes de mécontentement entre les Français; il faut donc aller soigneusement au-devant des interprétations ou des recherches fâcheuses auxquelles une mesure regardée comme salutaire, pourrait involontairement donner lieu. C'est cependant ce que l'on ne ferait pas si l'on permettait que les créances liquidées fussent soumises à une révision indéfinie. — On a voulu que les acquéreurs des biens dont la vente donne lieu à l'indemnité, fussent mis entièrement de côté dans la question ; or, ce que la loi fait pour les acquéreurs, qu'elle le fasse pour les créanciers liquidés. — Il ajouta : Que les titres des créances ayant été remis dans le temps au gouvernement liquidateur, les créanciers n'auraient aucun moyen d'établir aujourd'hui ni de débattre leurs droits, et qu'après trente ans, leurs héritiers seraient encore moins en état de le faire. »

Ces amendement et sous-amendement furent retirés sur l'observation de M. le ministre des finances, que l'art. 1 de la loi du 5 décembre 1814, pourvoyait suffisamment à la sécurité des émigrés liquidés depuis vingt-cinq ou trente ans (Monit. n° 71).

Le rapporteur ajouta que la commission avait pensé que tout avait été terminé par la disposition de la Charte, qui avait déclaré irrévocables tous les engagemens pris par l'Etat envers ses créanciers, et par la loi du 5 décembre 1814, et que jamais dans les lois, il ne fallait insérer comme projet ce qui était fixé par une loi positive *.

* Voir, article 24, la discussion sur l'amendement de M. Hay, qui se rattache à celui de M. Leroy.

Nota. La Charte et la loi de décembre 1814 n'ont entendu maintenir que les actes qui n'étaient pas le fruit du dol : ainsi, si l'on découvre qu'un homme a fait un faux, ou a employé le dol ou la fraude, et que la prescription ne soit pas acquise, on n'a pas besoin d'une loi pour l'attaquer, le droit commun y autorise. Art. 1116, 1117, 1304, C. C. (M. Pardessus, rapp. Monit. n° 71).

ARTICLE 13.

La liquidation opérée, la commission donnera avis de sa décision aux ayant-droit, et la transmettra au Ministre des Finances, qui fera opérer l'inscription de la rente, pour le montant de l'indemnité liquidée, dans les termes et délais qui ont été prescrits (ord. art. 48. 49. 50).

Cet article fut adopté sans discussion, tel qu'il était dans le projet (Ch. D., S. 10 mars, Monit. n° 71. —Ch.P., S. 19 avril, Monit., n° 111).

ARTICLE 14.

Les ayant-droit pourront se pourvoir contre la liquidation de la Commission devant le Roi en son Conseil-d'État, dans les formes et dans les délais fixés pour les affaires contentieuses.

La même faculté est réservée au Ministre des Finances (ord. art. 51).

M. le général Foy, D., proposa (S. 10 mars, Monit., n° 71), en forme de disposition additionnelle, un amendement tendant à ce que des extraits des bordereaux, portant indication, 1° des noms dépossédés et des indemnisés; 2° des biens confisqués; 3° de la quotité de chaque indemnité, fussent affichés avant l'inscription de rente dans le département et la commune de l'indemnisé, et de la situation des biens ; Afin que chaque émigré pût juger de la réalité de son droit, et de la validité des prétentions de son voisin, et encore dans l'intérêt des créanciers admis à former opposition (art. 18).

Ce sera, dit-il, pour la masse, l'occasion d'une espèce de contrôle sur les opérations de la commission de liquidation. Ce sera pour ceux qui se croiront maltraités, un moyen de comparaison propre à motiver leur recours au Conseil-d'Etat. Ce sera l'acheminement à une bonne répartition de l'indemnité, etc.

Cet amendement fut rejeté sur l'observation de M. le ministre des Finances, qu'il n'en résulterait que du scandale et des frais inutiles ; que chaque émigré n'avait d'autre moyen pour s'assurer qu'il serait justement partagé, que de rassembler toutes les preuves constatant la valeur de ce qu'il aurait perdu, sans s'occuper de la valeur des biens des autres émigrés. — Que quant aux créanciers, ils n'auraient qu'à former opposition au payement de l'indemnité, sans qu'il leur fût nécessaire de savoir quel serait le montant de celle de leur débiteur. — Qu'enfin les dispositions de la loi étaient des garans assez sûrs contre tout abus dans la liquidation.

Il en fut de même de la proposition de M. Benj. Constant, D., qui, sous-amendant l'amendement de M. Foy, demandait que la liste des indemnisés fût imprimée et distribuée à la Chambre.

M. le ministre des Finances déclara que cette publication ne pouvait être faite que quand l'indemnité aurait été liquidée; qu'alors il serait du devoir du gouvernement, de présenter à la Chambre tous les documens nécessaires pour l'appurement des comptes (Monit., n° 71, suppl.).

Pourvoi au Conseil-d'Etat. — Formes. — Délais.

Le délai, pour se pourvoir au Conseil-d'Etat, est de *trois* mois, à compter de la notification de la décision, qui fait l'objet du recours.

Toute demande ou requête au Conseil-d'État, soit par action principale, soit par appel ou recours contre la décision d'une autre autorité, doit être signée et présentée par l'un des avocats au Conseil-d'État (Réglement du 22 juillet 1806, art. 1er). Sur cette requête, le Garde des Sceaux commet un maître des requêtes pour en faire l'examen, et ensuite le rapport au comité du contentieux (Décret de juin 1806, art. 28.). Snr un premier exposé du maître des requêtes rapporteur, le ministre ordonne, s'il y a lieu, la communication de la requête aux parties intéressées, pour qu'elles aient à fournir leurs observations en défense dans un délai (*Id.*, art. 29). Ce délai est de 15 jours pour les parties domiciliées à Paris, et dans le rayon de 5 myriamètres; d'un *mois* pour celles demeurant à une distance plus éloignée, et dans les ressorts des cours d'appel de Paris, Orléans, Amiens, Rouen, Douai, Nancy, Metz, Dijon et Bourges; de *deux mois* pour les ressorts des autres cours d'appel (Réglement du 22 juillet 1806, art. 4). A l'égard des colonies et pays étrangers, les délais sont fixés par l'ordonnance de *soit communiqué*, ainsi que le ministre l'estime convenable. Le ministre peut aussi abréger les délais ordinaires dans les affaires urgentes (*Idem*). Ces délais courent du jour de la signification de la requête, à personne ou domicile, par le ministère d'un huissier (*Ibid.*). Lorsque sur une requête il est intervenu une ordonnance de *soit communiqué*, cette ordonnance doit être signifiée, ainsi que la requête, dans le délai de trois mois, sous peine de déchéance (*Id.* art. 12). Cette signification étant faite, si la partie citée ne produit aucune défense dans le délai, il est passé outre au rapport (Décret 11 juin 1806, art. 29.). Les requêtes et mémoires en défenses, doivent pareillement être signés et présentés par un avocat au Conseil-d'Etat, (*Idem*, art. 30). Les rapports sont faits au comité du contentieux par le maître des requêtes, commis par le ministre, et l'avis de ce comité, arrêté à la pluralité, des suffrages (*idem*, art. 30; ordon. 23 août 1815, art. 15). Un second rapport est ensuite fait à l'assemblée du Conseil-d'Etat (*Id.*). La décision du Conseil-d'Etat rédigée en forme d'ordonnance royale, est présentée à la signature du Roi par le garde des Sceaux (*Id.* art. 14, 15 et 18.). Des expéditions de ces ordonnances sont délivrées à qui de droit; elles sont exécutoires (Décret, 11 juin 1816, art. 35). Elles ne peuvent toutefois être mises à exécution contre une partie, qu'après avoir été notifiées à son avocat (Décret, 22 julliet, art 28).

Défaut. Opposition.... — Les décisions du Conseil-d'État, rendues par *défaut*, sont susceptibles d'opposition. Elle doit être formée dans le délai de trois *mois* à partir de la notification du défaut (art. 29, décret 22 juillet.). Le maître des requêtes rapporteur en expose les motifs au conseil. Si le comité trouve l'opposition fondée, il intervient une ordonnance qui rapporte la précédente et remet toutes les choses en leur premier état. Cette nouvelle ordonnance est signifiée à l'avocat de l'adverse partie, dans la *huitaine*; il est ensuite procédé contradictoirement jusqu'à décision définitive comme ci-dessus (*Idem*, art. 30).

Lorsqu'une demande est poursuivie contre plusieurs parties ayant le même intérêt, si certaines seulement fournissent des défenses, il est statué à l'égard de toutes par une même décision; et l'opposition des parties non comparantes est irrecevable (*Id.*, art. 7 et 31.). On ne peut se pourvoir contre une décision contradictoire du Conseil-d'Etat que dans deux cas : 1° lorsqu'elle a été rendue sur des pièces reconnues *fausses*; 2° lorsqu'elle a été rendue en l'absence d'une pièce décisive qui était retenue et cachée par une des parties (*Id.* art, 32).

Les tiers lésés par la décision peuvent y former tierce opposition (*Id.* art. 37.).

TITRE TROISIÈME.

Des Déportés et des Condamnés.

ARTICLE 15.

Les dispositions précédentes seront applicables aux biens confisqués et aliénés (1) au préjudice des individus déportés ou condamnés révolutionnairement (2).

Sera déduit de l'indemnité le montant des bons au porteur (3) donnés en remboursement aux déportés et aux familles des condamnés, en exécution des décrets des 21 prairial et 22 fructidor an 3 (9 juin et 8 septembre 1795), réduit en numéraire au cours du jour où la remise leur en a été faite (ord. art. 2. n. 3).

---

(1) *Aliénés* au lieu de *vendus*. Cette substitution est une conséquence de celle faite dans l'art. 1er.

(2) *Déportés condamnés révolutionnairement*. On ne

---

* Un décret du 1er août 1793, confisqua tous les biens des Vendéens insurgés. Un autre du 8 ventôse an 2 confisqua les biens des ennemis de la révolution.

proposa pas une rédaction plus étendue, ne doutant pas que ces expressions ne comprissent tous ceux qui, par des actes spéciaux ou collectifs, auraient été proscrits et frappés de confiscation, tels que les Vendéens et autres désignés par les lois d'alors sous le nom de rebelles (rapport., D., Monit., n° 43).

La déportation est en termes de droit, le transport qui est fait d'une personne, d'un lieu dans un autre, par l'autorité du prince ou par celle de la Justice.

La déportation fut mise au nombre des peines afflictives, par le Code pénal du 25 septembre 1791, part. 1, tit. 1er, art. 1er, et par celui de 1810, art. 7.

La déportation politique, dit Dumoulin, n'est pas une peine, mais une mesure de sûreté publique, dont l'emploi, toujours délicat et souvent dangereux, n'appartient qu'à la puissance suprême.

Par les lois des 26 août 1792, et 23 avril 1793, il fut ordonné que tous les ecclésiastiques qui n'avaient pas prêté les sermens prescrits par celles du 27 novembre 1790, et 14 août 1792, seraient déportés du territoire français. — La loi du 17 septembre 1793, assimila en tous points les déportés aux émigrés déjà frappés de mort civile et de confiscation, par celle du 28 mars précédent.

Au reste, la loi s'applique à tous ceux qui ont subi la déportation, soit par jugement ou arrêté, soit d'après les lois des 19 et 22 fructidor an 5, qui condamnèrent plusieurs députés et des journalistes royaux à la déportation, par suite de la journée du 18 fructidor; soit en exécution des lois des 12 germinal an 3, 15 nivôse an 9, de l'arrêté des consuls du 20 brumaire an 8; de celui du 18 frimaire même année, qui ordonne la déportation hors du territoire de la république, des émigrés naufragés à Calais; du sénatus-consulte du 17 nivôse an 9, etc., etc.

(3) *Bons au porteur.....* Des lois du 13 ventôse et 21 prairial an 3, dit le commissaire du roi, dans l'exposé des motifs, D., abolirent les confiscations prononcée contre les condamnés; elles ordonnèrent la restitution des biens non vendus; et pour tenir lieu aux familles des propriétés dont la vente était déjà consommée, elles leur accordèrent en remboursement du prix des *bons aux porteurs*, admissibles seulement en paiement de biens d'émigrés. Ces bons ont pu être compris depuis dans la liquidation de la dette publique, et à défaut de liquidation, ils ont été frappés de déchéance.

En considérant les héritiers des condamnés comme de simples créanciers de l'Etat, il est certain que leurs réclamations pourraient être écartées: un sentiment impérieux a averti qu'une pareille rigueur serait une véritable injustice.

On a pensé que ce dédommagement illusoire laissait subsister la confiscation avec toute sa cruauté et toute ses conséquences, etc. — On a donc compris les familles des déportés et condamnés révolutionnairement dans la mesure réparatrice, seulement il a paru juste de déduire de leur indemnité la valeur réelle des bons au porteur qu'ils peuvent avoir reçus.

Dans le cours de la discution de l'art. 9 (S. 10 mars, Monit., n° 70.), touchant les déductions à opérer contre les émigrés, M. Duhays, D., proposa d'étendre à toutes les dettes payées par l'Etat, à la décharge des propriétaires dépossédés, la conversion en numéraire, prescrite par le présent article, pour les bons au porteur, délivrés aux déportés et condamnés; mais sa demande ne fut pas même appuyée.

M. le ministre des Finances fit observer qu'il n'y avait point de similitude entre les émigrés dont les *créances* avaient été liquidées en bons au porteur, et les déportés ou les familles des condamnés qui avaient reçu, au lieu des *biens* qu'on ne pouvait leur restituer, une idemnité en *bons au porteur;* que la dépréciation des bons au porteur avait été une soustraction du paiement de la valeur *des biens;* qu'il était juste de ne précompter que la valeur réelle du papier déprécié; que la créance de l'émigré ayant été entièrement liquidée, bien qu'avec une valeur dépréciée, c'était le montant de cette créance qu'il fallait déduire; car ici ce n'était pas l'émigré qui avait éprouvé un préjudice de cette valeur dépréciée, mais le créancier qui l'avait reçue; et qu'ainsi, si l'indemnité pouvait être générale, ce serait sur le créancier et non sur l'émigré qu'elle devait porter.

Afin, dit-il (S. du 11 mars, Monit., n° 71, supp.), de faire une distinction entre les malheureuses victimes de la révolution et leurs assassins, et de ne pas assimiler les héritiers des Malheserbes, des Brissac, etc., avec les ayant droits de leurs bourreaux et des régicides déportés, M. le comte Duparc, D., proposa de n'admettre à l'indemnité, pour des *biens provenant d'émigrés,* ui *auraient été achetés sous le régime de la confiscation*, les condamnés et les déportés, ou leurs ayant droit, qu'autant qu'ils seraient *héritiers en ligne directe* des anciens propriétaires.

On demanda d'ajouter : *Ou en ligne collatérale.*

Mais ces deux amendemens furent rejetés, comme tendans à rien moins, dit M. le ministre des Finances, qu'à priver du bénéfice de la loi, les femmes, les enfans, les familles et les créanciers, et comme en opposition avec le système général de la loi qui repoussait les récréminations et les exclusions.

Remarquons d'ailleurs, ajouta-t-il, que le système de l'amendement ne serait pas complet, si on n'y ajoutait pas les émigrés, car on sait que des personnes qui émigrèrent tardivement, avaient acheté des biens confisqués.

La loi d'indemnité, dit M. le comte Portalis, rapporteur (Ch. P., S. 6 avril, Monit., n°), n'est point une loi de rénumération, c'est une loi de réparation et de dédommagement. La mesure qu'elle consacre n'est point un hommage rendu à la fidélité et au dévouement de quelques-uns, mais une indemnité accordée dans l'intérêt de tous ceux dont la propriété a été violée. Aussi la loi ne fait-elle point acception de personne, ne recherche-t-elle, ni les opinions, ni la conduite, elle n'a égard qu'à une seule circonstance, qu'à un seul fait, celui de l'expropriation. Ce ne sont point les défenseurs d'une cause respectable et sacrée, qu'elle considère dans les propriétaires dépossédés, c'est la propriété qu'elle réhabilite dans ses droits. Le républicain girondin, ou le Toulonnais, royalistes émigrés, après le 31 mai; le conventionnel, victime ou complice de Robespierre; les déportés du 9 thermidor et ceux du 18 fructidor, sont égaux à ses yeux; si les biens-fonds qu'ils possédaient ont été confisqués et aliénés en exécution des lois sur les émigrés, les déportés et les condamnés, ils recevront l'indemit é qu'elle alloue.

Enfin, M. de Laurencie, D., demanda de rendre la loi applicable aux maisons confisquées et démolies dans la ville de Lyon, après le siége, et en exécution des mesures révolutionnaires.

Cette proposition ne fut pas accueillie.

Ce n'est pas la réparation de toutes les pertes éprouvées par la confiscation, dit M. le ministre des Finances, mais seulement celles qui proviennent de biens-fonds confisqués, que la loi s'est proposée, parce que cette confiscation porte atteinte au principe de la propriété, sur lequel repose la société tout entière, et laisse des traces qui peuvent amener des divisions entre les citoyens. — Si l'on entrait dans la voie ouverte par l'amendement, ajouta-t-il, où s'arrêterait-on? les chaumières et les villages de la Vendée, les maisons et les édifices détruits par la guerre, etc., ne sont-ils pas dans la même cathégorie?

Si l'amendement est adopté, dit le rapporteur, il ne peut être limité aux maisons de Lyon, il doit s'étendre à toutes les villes de France.

TITRE QUATRIÈME.

Des Biens affectés aux Hospices et autres établissemens de bienfaisance, et des biens concédés gratuitement.

ARTICLE 16.

Les anciens propriétaires des biens donnés aux hospices et aux autres établissemens de bienfaisance, soit en remplacement de leurs biens aliénés, soit en payement de sommes dues par l'État, auront droit à l'indemnité ci-dessus réglée. Cette indemnité sera égale au montant de l'estimation en numéraire faite avant la cession (ord. art. 5. 28).

Un décret du 23 messidor an 2, déclara nationaux tous les biens des hospices et des établissemens de charité. Comme tels, ils furent successivent aliénés par l'Etat.

Un décret antérieur du 8 dudit mois de messidor, avait créé un grand livre de la bienfaisance nationale, destiné à fournir par ses produits aux dépenses des hospices, etc.; mais cette mesure n'ayant pas eu d'heureux résultats, le gouvernement se vit forcé de rendre la loi du 16 vendémiaire an 5, qui chargea les administrations centrales d'affecter *provisoirement* aux hospices, des biens nationaux, en remplacement de ceux qu'ils avaient perdus.

Un arrêté du 14 nivôse an 11, prescrivit aux hospices d'envoyer au ministère, l'état des biens *provisoirement* affectés, afin de les leur concéder définitivement. Par suite de cette disposition, on rendit la loi du 8 ventôse an 12, qui les donna définitivement aux hospices de 32 départemens.

Enfin, les lois des 7, 9 et 17 septembre 1807, envoyèrent en possession définitive, les hospices des autres départemens.

L'ordonnance du 4 juin 1814, en rendant aux émigrés les biens non vendus, et ceux affectés à la dotation du sénat, garda le silence sur ceux dont jouissaient les hospices.

La loi du 5 octobre suivant, art. 8, consacrant le principe d'inviolabilité porté par la Charte (art. 9), excepta de la remise des biens non vendus, ceux qui avaient été définitivement attribués aux hospices, et ordonna la remise de ceux *provisoirement* affectés, lorsque les hospices auraient un revenu égal à leur ancienne dotation.

Ainsi, la disposition du présent article, adoptée telle qu'elle était dans le projet, est en parfaite harmonie avec tous antécédens. Elle fut néanmoins attaquée.

On proposa un amendement (MM. de la Potherie, de Berbis, Duplessis-Grénédan, D., S. 11 mars, Monit. n° 71, 72) tendant à RESTITUER aux anciens propriétaires ou à leurs ayant-cause, les biens affectés aux hospices tant *définitivement* que *provisoirement*, sauf à allouer à ces hospices une indemnité égale à l'estimation de ces biens, faite avant la cession, en rentes 3 p. %.

Mais cet amendement fut rejeté comme contraire à l'art. 9 de la Charte, à la loi du 5 décembre 1814, et comme violant les principes de la propriété.

Les partisans de la restitution disaient (M. n° 72) : que les biens possédés par les hospices formaient une classe à part, en ce qu'ils n'avaient pas été vendus à l'encan, et qu'ils se trouvaient dans le cas d'être revendiqués ; qu'en consacrant l'inviolabilité des propriétés nationales, l'on n'avait eu en vue que celles passées entre les mains de différens propriétaires, et sur lesquels les tiers avaient acquis des droits d'hypothèque ; que la loi de 1814 pouvait être rapportée par une autre loi (M. de Berbis).

Qu'il y avait de grands avantages pour le fisc dans la mesure proposée, vu que les biens pris aux hospices se jetteraient dans la circulation (Rapport D).

Que la paix publique, principal objet de la Charte, n'était pas intéressée dans la question ; puisque l'influence de l'Etat sur les hospices était un droit de propriété, et non pas seulement de surveillance, leurs biens ayant été de tout temps assimilés à ceux du clergé, desquels, d'après l'histoire, l'Etat avait disposé plusieurs fois dans des besoins pressans (M. de la Potherie).

On répondit : que la propriété était inviolable, que les hospices étaient des corps moraux qui, comme les communes, étaient susceptibles d'avoir des propriétés privées, et qui, à cet égard, jouissaient des mêmes droits de propriété que les citoyens. Que, quoique formant une aggrégation, ils n'en étaient pas moins de véritables propriétaires, possédant comme les autres acquéreurs; qu'il n'entrait dans l'esprit de personne que leurs biens ordinaires fussent à la disposition de l'Etat; que l'art. 9 de la Charte s'appliquait indistinctement à toutes les propriétés (M. le ministre de l'intérieur.).

M. Bazire ajouta : la surveillance qui appartient au gouvernement n'est que de protection : il n'est, à l'égard des hospices, que ce qu'est un tuteur vis-à-vis de son pupille..... Le gouvernement ne peut disposer des propriétés que pour cause d'utilité publique, et par voie d'expropriation (Art. 545. C. C.).

C'est encore par ces motifs, que fut rejeté l'amendement de la commission D., qui ayant aussi pour but d'autoriser la *restitution* en faveur de l'ancien propriétaire, et d'attribuer l'indemnité aux hospices, restreignait néanmoins cette faculté, en n'accordant que jusqu'au 22 juin 1828, pour l'exercer, et en exceptait les bâtimens et propriétés accessoires qui servaient de siége aux établissemens.

ARTICLE 17.

En ce qui concerne les biens qui n'ont été que provisoirement affectés aux hospices et autres établissemens de bienfaisance, et qui, aux termes de l'art. 8 de la loi du 5 décembre 1814, doivent être restitués lorsque ces établissemens auront reçu un accroissement de dotation, égal à la valeur de ces biens, les anciens propriétaires ou leurs représentans pourront en demander la remise, aussitôt qu'ils auront transmis à l'hospice détenteur, une inscription de rente 3 p. o/o dont le capital sera égal au montant de l'estimation qui leur est due à titre d'indemnité.

En ce qui concerne les biens définitivement et gratuitement concédés par l'État, soit à d'autres établissemens publics; soit à des particuliers, l'indemnité due aux anciens propriétaires sera réglée conformément à l'art. 16 ci-dessus. A défaut d'estimation desdits biens, antérieure à la cession qui en a été faite, ils seront estimés contradictoirement et par experts, valeur de 1790 (ord. art. 5. 27. 28. 57. 58. 59).

L'amendement ci-dessus (page 99) de la commission D., qui fut rejeté, ne parlait que des hospices et des établissemens de bienfaisance. — M. Mousnier Buisson D., demanda (S. 12 mars, M. n° 72, 73) que la restitution fût ordonnée pour les biens-fonds gratuitement affectés et cédés par l'Etat à des établissemens de services publics, *autres* que ceux de bienfaisance; exemple: ceux affectés aux administrations, aux tribunaux, à l'instruction publique, etc. (*).

---

* Le sénatus-consulte du 9 floréal an 10, en ordonnant la remise

Mais son amendement fut rejeté comme abrogeant la loi du 5 décembre 1814, et plusieurs lois et décrets antérieurs, et comme modifiant et restreignant l'art. 9 de la Charte. Mais reconnaissant les droits à l'indemnité, des anciens propriétaires des biens *donnés* définitivement, droits implicitement réservés par le mot *aliénés* de l'art. 1er, on se réunit à l'adoption de la disposition qui forme le second paragraphe du présent article.

---

de quelques-uns des biens non vendus, en excepta ceux alors affectés à des établissemens publics.

Un décret du 9 prairial an 11, mit ces bâtimens à la disposition des départemens et des arrondissemens.

La loi du 5 décembre 1814 (art. 7), ordonna la remise de quelques biens exceptés par le sénatus-consulte de l'an 10, mais elle fit encore exception de ceux affectés à des établissemens publics, et la commission établie par l'article 11 de cette loi, décida constamment, ainsi que le Conseil-d'Etat que les biens originairement affectés aux établissemens publics et concédés aux départemens et arrondissemens, par le décret du 9 avril 1811, n'étaient pas restituables.

Ce décret impérial affecta ces biens à titre de propriété, aux départemens, arrondissemens, communes, *déclarés donataires*, différence essentielle avec l'art. 7 de la loi du 5 décembre 1814, qui n'entend parler que des immeubles *provisoirement* affectés à un service public.

Quant à ces biens là, la remise fut ordonnée, et la loi imposa à l'Etat l'obligation d'en payer la jouissance jusqu'à la remise effective.

TITRE CINQUIÈME.

Des Droits des Créanciers, relativement à l'indemnité.

Par décret du 25 juillet 1793, les biens confisqués furent déclarés affranchis de toutes charges, et vendus libres d'hypothèques; et les créanciers dont ces biens étaient le gage, furent déclarés créanciers de l'Etat.

Parmi les créanciers il en fut un grand nombre dont les titres furent liquidés et qui furent admis à les faire recevoir en paiement des biens nationaux, ou à les convertir en inscriptions sur le grand-livre de la dette publique; d'autres au contraire furent frappés de déchéance faute d'avoir fait dans les délais prescrits, les justifications ordonnées.

Au retour des émigrés, leurs créanciers non liquidés, dirigèrent contre eux des poursuites, soit sur les biens qui leur furent rendus soit sur leurs autres propriétés.

La loi du 5 décembre 1814 prononça un sursis d'une année * à toutes actions de la part des créanciers, sur les biens dont elle ordonnait la remise, en

* Ce sursis a pu être invoqué par l'émigré et par ses héritiers sous bénéfice d'inventaire. Cour de Douai, premier mai 1819. S. 10. 2. 11.

les autorisant néanmoins à faire tous actes conservatoires *.

« Le droit qu'ont aujourd'hui les créanciers non payés par l'Etat, dit M. le commissaire du roi (Exposé des motifs, D.), de poursuivre leur paiement sur les biens possédés par leurs débiteurs, résulte des principes généraux de la législation intermédiaire, et de la disposition même de la loi du 5 décembre 1814; mais l'exercice de ce droit, a semblé pouvoir être restreint, dans de justes bornes en ce qui touche l'indemnité. C'est d'après ce, qu'a été rédigé l'article suivant.

ARTICLE 18.

Les oppositions qui (1) seraient formées ** à la délivrance de l'inscription de rente, par les créanciers des anciens propriétaires *porteurs de titres antérieurs* à la confiscation, non liquidés et non payés par l'État (2), n'auront d'effet que pour le capital de leurs créances (3).

Les anciens propriétaires ou leurs représen-

---

* D'après ce, ils pouvaient s'opposer à ce que leurs débiteurs abattissent en entier les forêts ou bois taillis non aménagés. Cass., 10 mai 1820, rejet. Bourges. s. 20. 1. 438.

** Elles doivent être signifiées à Paris au ministère des finances, bureau des oppositions (Art. 56, ordonn. d'exécution du premier mai.) — M. Bonnet, D., demanda envain (Monit. n. 72, suppl.) qu'elles pussent être faites soit au trésor, soit aux chefs-lieux de préfecture. — Pour les formes à observer, voy. Note à l'art. 56 de ladite Ordonn.

tans auront droit de se libérer des causes de ces oppositions, en transférant auxdits créanciers, sur le montant de la liquidation en rentes de 3 pour cent, un capital nominal égal à la dette réclamée (4).

Ces créanciers exerceront leurs droits suivant le rang des privilèges et hypothèques qu'ils avaient sur les immeubles confisqués (5).

L'ordre ou la distribution seront faits s'il y a lieu (6), quelque soit le juge de la situation desdits biens, devant le tribunal du domicile de l'ancien propriétaire, ou devant le tribunal dans le ressort duquel la succession s'est ouverte (7) (ord. art. 56).

---

(1) *Les oppositions qui....* Un député (M. Jacquinot Pampelune) proposa (S. 12 mars, monit. n° 72, suppl.) de fixer ici, un délai de *six mois* à compter de la publication de la loi, pour la formation de ces oppositions, afin de limiter la faculté accordée aux créanciers de conserver leur hypothèque ou privilège, comme il est dit ci-après, et d'autre part pour qu'on ne pût pas les frustrer de leurs droits.

M. Bazire, D., porta ce délai à *un an*. M. Bonnet, D., le réduisit à *trois mois*.

Mais toutes ces propositions furent rejetées comme devant former un empêchement à la délivrance des inscriptions pendant le délai fixé, ce qui priverait de leurs rentes pendant ce temps, les indemnisés qui n'auraient pas de dettes (M. le commissaire du roi.); et retarderait la liquidation générale. (M. le ministre des finances).

L'amendement de M. Jacquinot était ainsi conçu :

« Les oppositions qui *dans les six mois de la pu-* » *blication de la présente loi*, seront formées à la déli- » vrance de l'inscription de rente, n'auront d'effet que » pour le capital et *conserveront* aux créanciers, le rang » des priviléges et hypothèques. »

M. le ministre de la justice fit observer, que la fixation d'un délai quelconque, n'avait pas pour objet de faire déclarer forclos, comme on semblait le craindre, les créanciers qui, quels que fussent leurs titres, n'auraient formé opposition qu'après ce délai, mais avant la délivrance de l'inscription; mais seulement de mettre *un terme* aux avantages que l'on voulait attribuer aux créanciers hypothécaires ou privilégiés, qui rentreraient alors dans le droit commun, pour faire valoir leurs titres, ainsi que les créanciers chirographaires; et s'opposant d'ailleurs à l'admission de tout délai qui suspendit la liquidation, il proposa la disposition suivante qui fut appuyée, et que l'on a implicitement adoptée dans la rédaction de l'article, par ces mots : « *Les oppositions qui seraient formées* A LA *délivrance*, c'est-à-dire, *antérieurement* et *jusqu'à la dé-vrance.* — Voici cette disposition :

« Les oppositions qui seraient formées *antérieure-* » *ment à la délivrance* des inscriptions, feront valoir au » profit de leurs auteurs, les anciens hypothéques et » priviléges résultant du titre primitif de la créance. »

(2) *Et non payés par l'Etat....* — On substitua ces mots à ceux-ci, *et non inscrits sur le grand-livre*, ajoutés au projet par la commission D., attendu que toutes les dettes n'avaient pas été payées en inscriptions au grand-livre. Exemple : pour les cinq millions payés en vertu de la loi de frimaire an 6; pour les trois millions payés d'après le conseil général de liquidation, etc. (M. le ministre des finances.)

(3) *N'auront d'effet que pour le capital* de leurs créances.... — Et non pour les *intérêts courus*; il n'en est point alloué, l'Etat ne rendant aux anciens propriétaires qu'un capital sans restitution de fruits; et ce qui règle le sort des uns, devant régler celui des autres (Rapport de la comm., D.).

D'ailleurs, dit M. le comm. du roi (Exposé des motifs, D.), depuis la confiscation, l'Etat a joui des fruits de l'immeuble ou des intérêts du prix : il n'a rendu qu'une valeur approximative du principal. En augmentant les ressources du débiteur, et en offrant ainsi au créancier des garanties nouvelles, le pouvoir législatif a pu et a dû prendre en considération leur position respective.

L'indemnité n'ayant pour objet que le capital représentatif de la valeur des biens confisqués, et l'Etat étant dans l'impuissance d'acquitter les revenus, sur lesquels doivent être prélevés les intérêts des créances, il était conforme aux principes de l'équité, dit M. le ministre de la justice (Monit. n° 72.), que les émigrés ne payassent à leurs créanciers que le capital de leurs dettes.

Quid, des intérêts courus antérieurement à la confiscation ? ils paraissent être dus, sauf prescription *. La loi d'indemnité ne dénie les intérêts que parceque la jouissance des fruits étant la représentation de ces intérêts, tant qu'il n'y a pas eu de fruits perçus, il n'a pu y avoir cours d'intérêts. Mais dès que le motif de la disposition cesse, dès qu'il y a eu perception de fruits, jouissance paisible et réelle, le principe invoqué doit n'être plus applicable, et les intérêts devraient courir. Or, avant la confiscation, les émigrés jouissaient pleinement de leurs biens, les intérêts des créances considérées comme charges de la jouissance sont donc dues tant qu'elle a duré.

(4) *Les anciens propriétaires ou leurs représentans auront droit de se libérer des causes de ces oppositions en transférant auxdits créanciers, sur le montant de la liquidation en rente de trois pour cent un capital nominal égal à la dette réclamée....* — Cette disposition fut ajoutée au projet par la commission, D., par la raison déjà alléguée que ce qui règle le sort des uns doit régler celui des autres. « Le créancier tenant de la loi, dit M. Pardessus, rapporteur (S. 12 mars, monit. n° 73), le droit de former opposition pour une dette frappée de déchéance, il fallait offrir au débiteur le moyen

* Les intérêts courus antérieurement au Code civil, ne se prescrivent que par trente ans. L'art. 2277 de ce Code, qui limite la prescription à cinq ans, n'est applicable qu'aux intérêts courus depuis sa promulgation. (Cass. 21 décembre 1812, P. t. 36. p. 377. S. t. 13. p. 182. — Cour de Paris, 23 juin 1818, p. t. 19, p. 34.

de se libérer des causes de l'opposition par une loi analogue, et par conséquent en délaissant l'indemnité frappée de cette opposition.

Il ne s'agit ici que des créanciers *antérieurs* à la confiscation, qui ont été déclarés créanciers de l'Etat et frappés de déchéance, et qui n'auraient pas fait une novation de créance. Car si après son retour, l'émigré a fait un acte de reconnaissance d'une dette nationale, et par suite frappée de déchéance, la loi n'est plus applicable.

La loi ne s'occupe que des créanciers antérieurs à la confiscation, dit M. le commissaire du roi (Exposé des motifs, Ch. P.), elle ne prononce rien sur les autres ; les premiers conserveront leurs droits sur les biens de leurs débiteurs ; mais dans le cas où ils formeraient opposition à la délivrance de l'inscription, ces derniers sont autorisés à leur donner en paiement les valeurs qu'ils reçoivent eux-mêmes.

La commission n'a pas proposé, dit M. Pardessus, D., que tout émigré débiteur pût toujours forcer son créancier à recevoir des 3 p. 0/0 en paiement d'une dette quelconque; mais seulement en cas d'opposition de sa part à la délivrance de l'inscription*. En cas de non opposition, les créanciers resteront dans le droit commun, comme aussi à l'égard de ce qui serait encore dû, si le paiement sur opposition n'était pas intégral. Il ajouta, que la loi qui relevait le créancier de la

* La loi porte.... *Se libérer des causes de ces oppositions.*

déchéance encourue, devait le soumettre aux mêmes conditions que le débiteur *.

On répondit envain (M. Bonnet, D.), que la loi n'était une loi de transaction légale qu'entre l'Etat et l'indemnisé; qu'entre l'indemnisé et le créancier, le contrat ne pouvait être attaqué; qu'il n'y avait d'autre loi entre le débiteur et le créancier que le droit commun; ** qu'en adoptant l'amendement, l'on mettrait les créanciers dans la nécessité de ne pas former opposition, de peur de perdre une partie de leur dette, et que le défaut d'opposition pourrait nuire à leurs droits et les frustrer de leurs créances.

Un député (M. Caumont la Force) proposa d'ajouter que les créanciers opposans fussent payés *progressivement* et *proportionnellement*, aux cinq échéances établies (art. 6), conformément à la loi du 5 décembre 1814, qui accordait à l'emigré restitué, quant à ses biens invendus, des délais pour se libérer envers ses créanciers.

Cette proposition fut rejetée sur l'observation de M. Pardessus, rapporteur, que juste, quand le débi-

---

* Une loi du 24 août 1793, autorisait les propriétaires des offices à payer leurs propres débiteurs avec la même monnoie que celle qu'ils avaient reçue, c'est-à-dire en inscriptions sur le grand-livre. Cette loi n'était applicable qu'aux créanciers qui avaient une hypothèque spéciale et privilégiée, elle exceptait les créanciers qui avaient fait les fonds soit des offices, soit des cautionnemens. On traita cette loi d'injuste et de révolutionnaire.

** L'art. 1243 du Cod. civ. porte : « Le créancier ne peut être » contraint de recevoir une autre chose que celle qui lui est due, » quoique la valeur de la chose offerte soit égale ou même plus » grande. »

teur n'aurait rien autre chose que l'indemnité qui devait lui revenir, cette disposition serait injuste si le débiteur avait, dans son premier cinquième, de quoi payer, ou s'il avait d'autres ressources.

(5) *Ces créanciers exerceront leurs droits, suivant le rang des priviléges et hypothèques qu'ils avaient sur les immeubles confisqués......* Cette disposition est encore une addition faite au projet par la commission D. Elle pensa, que suivant le droit commun (art. 2093, 2094, 2095 et 2166, C.C.), les créanciers hypothécaires devant être payés par préférence aux chirographaires, la confiscation n'avait pu changer ce droit. Que le fisc était tenu des dettes de la même manière que celui à qui il succédait momentanément, principe que les auteurs du décret du 25 juillet 1793 *, avaient reconnu. Que l'indemnité étant le prix des biens confisqués, et que ce prix étant dans la caisse de l'État, comme le prix d'un immeuble hypothéqué, le serait dans les mains de l'acquéreur ou dans la caisse des consignations, il devait être grévé des mêmes hypothèques.

Que l'hypothèque étant un droit réel, ce n'était pas, dans la vérité des choses, sur le propriétaire que l'on avait confisqué, mais bien sur ses créanciers auxquels conséquemment l'indemnité devait parvenir, si leur créance subsistait encore.

---

* Suivant le décret du 25 juillet 1793, ces biens étaient vendus francs et libres d'hypothèques, mais ce n'était point pour éteindre l'hypothèque. Car ce décret assurait aux créanciers la collocation par ordre sur le prix de la vente; c'était seulement pour leur interdire le droit de suite contre l'acquéreur.

L'amendement ci-dessus (p. 105) de M. Jacquinot, subordonnait à l'opposition, la conservation des priviléges et hypothèques, mais il fixait un délai *fatal* pour faire cette opposition, attendu que c'était déjà faire un grand acte en faveur des créanciers que de leur conserver leurs droits tels qu'ils étaient sur l'immeuble, sans les leur conserver encore indéfiniment. Le ministre de la justice, en rejetant tout délai, comme susceptible d'entraver la liquidation de l'indemnité, proposa dans le même sens la disposition additionnelle rapportée ci-dessus (p. 105). Sans l'adopter littéralement, on s'y réunit d'intention, en conservant la rédaction de la commission. Les mots... *ces créanciers exerceront...* se rapportent évidemment à ceux qui ont formé opposition, suivant le paragraphe premier.

Remarquons qu'il n'est nullement question ici d'inscriptions hypothécaires. Il s'agit des hypothèques et priviléges antérieurs à la confiscation, par conséquent à l'établissement du nouveau système hypothécaire. Avant la loi du 11 brumaire an 7, l'hypothèque existait sur tous les biens sans inscriptions. Les créanciers des anciens propriétaires exerceront donc les droits d'hypothèque et de privilége que leur accordait leur titre de créances sur les immeubles confisqués, de la même manière qu'ils l'auraient fait à l'époque de la confiscation.

A la suite de la disposition ci-dessus, n° 5, on proposa (M. Petit Perrin, D. S. 12 mars, Monit., n° 73.) d'ajouter : « Sans qu'il puisse être opposé auxdits créanciers, aucune *prescription* ni *déchéance* qui n'aurait pas été acquise avant 1790. » Attendu que du moment où l'on fait revivre des droits éteints, on doit les rendre dans toute leur plénitude, et que la prescription ne pouvait courir contre un créancier auquel on ne pouvait imputer de négligence, ni reprocher de n'avoir pas fait des actes conservatoires.

M. Bonnet D., appuya la suspension de la prescription, depuis le moment de la déchéance * jusqu'à la demande, parce que, depuis que cette déchéance avait été prononcée, le créancier n'avait pu agir ni contre le gouvernement ni contre l'émigré.

Ces deux amendemens furent rejetés.

M. Pardessus, rapporteur D., dit (Monit., n° 73, 74.) : que la législation ne pouvait avoir deux poids et deux mesures ; que la prescription était un moyen de droit commun fondé sur la possibilité que le débiteur eût égaré ses titres de libération, quittances, décharges, etc...; qu'il y aurait contradiction avec la loi du 5 décembre 1814, qui, en accordant aux émigrés un délai pendant lequel leurs créanciers ne pourraient pas poursuivre, autorisa ces derniers à faire tous les actes conservatoires, reconnaissant par-là, qu'ils ne pourraient conserver leurs droits que par ces actes ; que d'ailleurs on n'avait pas le droit d'atténuer les droits des tiers; et que, suivant l'article 2225, C. C.,

* Elle fut prononcée par un décret de 1808. — La déchéance est la déclaration faite par l'Etat, que quiconque ne se sera pas présenté à telle époque ne sera plus payé; elle n'a d'effet qu'à l'égard de l'Etat; les émigrés rentrés dans leurs biens ne peuvent l'invoquer, ils sont tenus des dettes qui les grévaient. Cass., 23 juillet 1821, s. 21. 2. 14.

les créanciers pouvaient invoquer la prescription du chef de leur débiteur, malgré son silence et même son refus. Qu'ainsi, tel qui se voyait dans un ordre primé par un créancier, avait droit d'examiner si on ne fesait pas revivre une créance éteinte par l'un des moyens d'extinction établis par le Code civil (La prescription est de ce nombre, art. 1234).

Il ajouta, que si le créancier avait été dans l'impossibilité d'agir, il pourrait invoquer l'exécution de force majeure, qui serait admise par les magistrats suivant les cas et circonstances.

Sans doute, dit-il (Monit., n° 74), si l'absence du débiteur a continué depuis la déchéance prononcée par les gouvernemens intermédiaires, et que, par l'effet de cette absence, le débiteur n'ait rien recouvré ni rien acquis en France, le créancier a été placé par une force majeure dans l'impossibilité d'agir; et les lois, le droit commun, l'équité, ne permettent pas que la prescription courre contre celui que la force majeure a empêché d'agir. — Sans doute, si le créancier et le débiteur étaient l'un et l'autre proscrits, aucun acte conservatoire n'ayant été possible, par force majeure, la même règle devra être appliquée. — Mais, dès que le débiteur rentré en France, y aura été réintégré dans sa capacité active et passive, le créancier qui n'aura pas conservé ses droits par des actes interruptifs de la prescription, lorsque l'arrêté consulaire du 3 floréal an 11, l'autorisait, s'il ne voulait pas être créancier de l'État, à retirer ses titres, pour agir comme il pourrait contre le débiteur, ne sera pas admis à invoquer la règle qu'on ne peut opposer de prescription à celui qu'une force majeure empêcherait d'agir.

Quant à cette objection, « le débiteur n'ayant rien, le créancier ne pouvait agir »; il suffit, pour la réfuter, d'en faire l'application au failli ou à tout autre débiteur insolvable, à l'égard desquels le dénuement n'est point suspensif de la prescription.

Quelques membres de la commission auraient désiré, dit M. le comte Portalis (rapport, P.), que l'article eût dit en termes formels, que la prescription n'avait pu courir contre les créanciers d'un émigré, durant le temps de l'émigration de son débiteur; mais on a pensé que le texte de la loi le disait implicitement. D'ailleurs, c'est le cas d'appliquer la maxime *Contrà non valentem agere nulla currit prescriptio.*

Dans la séance du 14 mars (Monit. n° 74), on rejeta également un amendement conforme aux précédens, proposé par M. Mestadier, en forme de disposition additionnelle à l'article 1er déjà adopté *.

Enfin, un amendement de M. le général Foy, tendant à assurer aux créanciers des indemnisés la faculté de réclamer l'indemnité au nom de leurs débiteurs, lorsque ceux-ci ou leur ayant-cause refuseraient de faire valoir eux-mêmes leurs droits, fut par lui retiré, sur l'observation de M. le commissaire du Roi, que la loi n'avait point statué sur cette question, at-

---

* La cour royale d'Agen a décidé, par arrêt du 21 août 1809, s. 10. 2. 299, que le créancier d'un émigré qui par des principes purement fiscaux, a été repoussé par l'exception de prescription, pouvait poursuivre le paiement de la créance contre l'émigré rentré.

tendu qu'elle était résolue dans le Code civil par une disposition formelle*.

(6) *Ou la distribution... s'il y a lieu....* Ces mots furent ajoutés au projet, sur la demande de M. Bonnet, D., attendu qu'il y avait deux manières de distribuer une somme à des créanciers. Un ordre, quand il y avait des hypothèques, une distribution, quand il n'y a que des créanciers chirographaires.

(7) *Devant le tribunal du domicile de l'ancien propriétaire, ou devant le tribunal dans le ressort duquel la succession s'est ouverte......* Ni le Code civil, ni le Code de procédure ne déterminent à quel tribunal doit se porter un ordre. La loi du 21 brumaire an 7, sur les expropriations forcées, porte, art. 31, chap. 3 : « L'ordre et la distribution du prix des immeubles seront faits devant le tribunal civil qui aura procédé à leur aliénation. Si l'aliénation n'a pas été faite en justice, il sera procédé à l'ordre et distribution devant le tribunal de la situation des immeubles, et en cas d'aliénation par un même acte de biens situés dans plusieurs départemens, devant le tribunal dans l'arrondissement duquel se trouve située la part des biens à laquelle la matrice du rôle de la contribution foncière, attribue le plus de revenu.

La disposition du dernier paragraphe de l'article 18, est donc une exception au droit commun.

---

* Art. 1166, C. C. « Néanmoins, les créanciers peuvent exercer » tous les droits et actions de leur débiteur, à l'exception de ceux » qui sont exclusivement attachés à la personne. »

TITRE SIXIÈME.

Des délais pour l'admission.

ARTICLE. 19.

Les réclamations tendantes à obtenir l'indemnité, devront être formées, à peine de déchéance, dans les délais suivans, savoir:

Dans un an, par les habitans du Royaume;

Dans dix-huit mois, par ceux qui se trouvent dans les autres États de l'Europe;

Dans deux ans, par ceux qui se trouvent hors d'Europe.

Ces délais courent du jour de la promulgation de la présente loi. (ord. art. 16. 17. 18).

Cet article fut adopté sans discussion (S. 14 mars, Monit. n° 74). Il importe, lit-on, dans l'exposé des motifs D., que la France connaisse dans un délai déterminé, l'étendue précise, certaine et positive du sacrifice qu'elle se sera imposé; il ne serait ni juste ni politique qu'elle demeurât exposée à des réclamations sans terme.

ARTICLE 20.

Il sera ouvert dans chaque préfecture un régistre spécial où seront inscrites à leur date, les réclamations qui auront été adressées au Préfet, ainsi que le résultat de chacune des liquidations, lorsqu'elle aura été terminée (1). — Des extraits régulièrement certifiés de ce registre seront délivrés à toutes personnes qui auront intérêt à les réclamer (2). (ord. art. 16).

---

(1) *Ainsi que le résultat de chacune des liquidations, lorsqu'elle aura été terminée.* Ces mots furent ajoutés sur la demande de M. Jacquinot Pampelune, D., comme étant le complément de la première disposition.

(2) Tels qu'aux créanciers, afin que ceux qui n'ont pu former opposition au 1er cinquième puissent la former aux quatre autres cinquièmes (M. Jacquinot, Monit. n° 74).

TITRE SEPTIÈME.

Dispositions générales.

ARTICLE 21.

Il sera annuellement distribué aux Chambres, avec les projets de Loi des comptes, des états détaillés (1) de toutes les liquidations arrêtées, conformément aux dispositions de la présente loi, pendant l'exercice auquel se rapporteront ces projets (2).

---

(1) *Détaillés* et *nominatifs*...... résulte de la discussion.

(2) Cet article fut ajouté à la loi, sur la demande de M. de Charency, D., qui dit que cette disposition mettrait la Chambre à même d'apprécier les inégalités inévitables de la répartition ; de régler en connaissance de cause l'emploi des fonds de réserve; de surveiller les opérations et leur donner la publicité qui est l'essence des gouvernemens représentatifs.

En parlant pour l'amendement, M. Casimir Perrier, D., proposa d'y ajouter que les sommes non retirées du trésor, à l'époque où l'inscription devait avoir lieu, fussent dans les trois mois, versées dans la caisse des consignations.

Ce sous-amendement ne fut pas appuyé.

ARTICLE 22.

Pendant cinq ans, à compter de la promulgation de la présente loi, tous actes translatifs de la propriété des biens confisqués sur les émigrés, les déportés et les condamnés révolutionnairement, et qui seraient passés entre le propriétaire actuel desdits biens et l'ancien propriétaire ou ses héritiers, seront enregistrés moyennant un droit fixe de trois francs (ordon. art. 61).

On proposa dans la séance du 14 mars (Moniteur n° 75), quatre amendemens formant un article additionnel, ayant le même but que celui ci-dessus, quoique de rédaction différente. La chambre D. les renvoya à l'examen de la commission, qui, dans la séance suivante, déclara, par l'organe de son rapporteur, qu'elle ne s'était pas occupée de la fusion de ces amendemens, en une seule rédaction, parce qu'elle était d'avis de n'en admettre aucun, attendu qu'ils étaient prématurés, et surtout qu'ils rentraient dans les attributions de la prérogative royale.

Alors, la Chambre délibérant sur ces amendemens, adopta celui de M. Duhamel, qui forme l'article ci-dessus, et auquel se réunirent les trois autres.

On le combattit en disant, qu'il était une dérogation au droit commun, qu'il constituait une exception, un privilège; qu'il violait les articles 2 et 9 de la Charte (M. Breton D.) ; qu'il augmentait (*) une indemnité déclarée définitive par l'article 1er ; qu'il n'était pas un complément à la loi d'indemnité, mais un supplément à l'indemnité, que c'était une charge nouvelle, imposée à la nation en masse; que ce serait un nouveau moyen de division, une source d'inquiétudes et de dangers, etc. (M. Benj. Constant, D.).

On répondit, qu'il serait un complément et une terminaison légale à la loi, en favorisant les transactions qui pourraient faire rentrer d'une manière légale, mais douce, les champs paternels dans les mains des anciens propriétaires (M. Duhamel, D.) ; qu'il tendrait à faciliter des traités qui n'auraient pas lieu sans la réduction ; qu'ainsi, loin de nuire au fisc, il ne pourrait qu'augmenter le produit ordinaire de l'enregistrement (M. le ministre des finances) ; qu'il n'était point opposé à l'article 2 de la Charte, (**) car outre les exemples des lois intermédiaires, (***)

* De 187 millions 500 mille fr., droits d'enregistrement des quatorze cent millions des biens vendus valeur de 1790.

** Art. 2 de la Charte. Ils (les Français) contribuent indistinctement, dans la proportion de leur fortune aux charges de l'Etat.

*** La loi du 7 octobre 1789 établit le principe que les impositions seraient réparties également. — D'après diverses lois et notamment celle du 19 décembre 1790, les acquisitions des biens dits nationaux, les emprunts faits pour les payer, n'étaient sujets qu'au droit fixe de 15 sous pendant 15 ans.—*Idem*, pour leur revente pendant 5 ans.

Par les lois des 3 mai et 29 décembre 1790, ne furent également assujetties qu'au droit fixe de 15 sous, les quittances de rachat de droits féodaux et rentes foncières de particulier à particulier.—Une décision du ministre des finances, du mois de novembre 1814 n'assujettit qu'à un demi-droit d'enregistrement les actes de ratification consentis par les émigrés aux acquéreurs de leurs biens.

dans la législation actuelle, les mutations de créances dites inscriptions au grand livre, de même que les emprunts et acquisitions faits par les hospices, les communes, qui, comme tous les propriétaires, étaient assujettis aux contributions publiques, ne payaient ou point de droit, ou un *droit fixe* d'enregistrement.... etc. (M. Pardessus, rapporteur).

Nota. On lit dans l'article : « *tous actes translatifs de la propriété*..... ce qui comprend, non-seulement les ventes, rétrocessions; mais encore les donations, remises, abandons... etc. Un des quatre amendemens proposés, celui de M. Leclerc de Beaulieu, portait: « tout contrat *ou acte quelconque* qui aura pour résultat « de rétablir l'indemnisé ou ses ayant-cause dans la « propriété confisquée sur lui ou sur ses auteurs, ne sera assujetti.... etc. » — D'après cet amendement, le principe de l'art. 22, était applicable aux actes de dépôt des contrats de ventes sous signature privée, existans.

ARTICLE 23.

La qualité d'étrangère ou d'étranger ne pourra être opposée, relativement à l'exécution de la présente loi, aux Françaises, veuve ou descendantes d'émigrés, de déportés ou de condamnés révolutionnairement, lesquelles auraient contracté mariage avec des étrangers, antérieurement au 1er avril 1814 (1), ni à leurs enfans nés de pères ayant joui de la qualité de Français (2). (ordon. art. 5. 9. 10).

---

(1) Cet article, objet d'un amendement proposé

par M. Jacquinot-Pampelune, D. * (S. 14 mars, Monit., n° 74.), fait une exception à l'art. 1er de la loi. Il fut adopté postérieurement au rejet d'une disposition à-peu-près semblable, proposée par M. Hyde de Neuville, ainsi conçue. « La perte de la *qualité* de » Français ne pourra être opposée aux émigrés à qui » cette qualité aurait été rendue par une ordonnance » du Roi, dans le délai d'un an, à compter de la pro- » mulgation de la présente loi.

» A l'égard des filles des émigrés, mariées à des » étrangers, elles pourraient obtenir l'indemnité, si » le Roi, prenant en considération leur position, juge » à propos de les y autoriser (S. 14 mars, Monit., » n° 74). »

Le rejet fut motivé sur ce que ce serait donner un effet rétroactif aux ordonnances du Roi, puisqu'on pourrait jouir d'un droit ouvert avant d'avoir recouvré la qualité de français; ce qui serait en opposition avec l'art. 20 du Cod. civ., et pourrait préjudicier à des tiers.

Différence entre les propositions de MM. Jacquinot Pampelune et Hyde de Neuville. — Ce dernier proposait, dans les développemens de son amendement,

---

* Voici l'amendement de M. Jacquinot tel que la Chambre des Députés l'avait adopté et en avait formé l'article 23. La Chambre des Pairs le rédigea comme ci-dessus. « Le premier alinéa de l'art. 19 » du Code Civil ne pourra être opposé relativement à l'exécution » de la présente loi, aux Françaises veuves et descendantes d'émigrés, » lesquelles auraient contracté mariage avec des étrangers, antérieu- » rement au 1er avril 1814. »

d'admettre au partage de l'indemnité, les filles des émigrés mariées à des étrangers, *avant la promulgation de la présente loi.* L'article ci-dessus n'admet que celles dont le mariage serait *antérieur au* 1er *avril* 1814, c'est-à-dire à la 1re restauration.

« On peut distinguer, dit M. Jacquinot, trois classes de femmes : les femmes ou filles d'émigrés, mariées pendant l'émigration ; celles mariées en France, avant la restauration, à des individus qui étaient alors Français, et qui depuis sont devenus étrangers. Enfin les Françaises mariées à des étrangers depuis la restauration.

« Quant aux premières, il n'y avait plus pour elles d'autre patrie, d'autres moyens d'existence, que ceux qu'elles embrassèrent ; et on ne pourrait leur faire un reproche de n'être pas rentrées en France à la restauration, puisqu'elles étaient soumises à leurs maris. Les secondes, en épousant un Belge, un Hollandais, n'avaient pas cessé d'être françaises, puisque ces pays dépendaient de la France. C'est par la force des choses et des traités qu'elles ont perdu leur qualité.

« C'est à ces deux classes de femmes que l'art. 23 est applicable ; c'est en leur faveur qu'exception est faite à l'art. 1er ; mais ce *n'est que relativement à l'indemnité* que les dispositions de l'art. 19, C. C., ne pourront leur être opposées ; dès-lors les droits des tiers demeurent à l'abri de toute atteinte. — D'ailleurs, ajouta-t-il, l'exclusion de ces femmes ne profiterait, ni au fisc, ni à la caisse de réserve ; des héritiers à un degré inférieur, recueilleraient à leur défaut ; ce qui mettrait les intérêts aux prises avec les consciences. »

Précédemment, et dans le cours de la discussion sur l'art. 7 (S. 8 et 9 mars, Monit., nos 69, 70), touchant l'admission à l'indemnité, on rejeta, comme dérogeant à l'art. 1er, et comme contraire au système de la loi, qui tendait à empêcher que les fonds de l'indemnité passassent à l'Étranger, et servissent à enrichir des familles qui n'étaient pas françaises (M. Pardessus, rapp.), un amendement proposé par M. le vicomte Dutertre, D., tendant à admettre les *Françaises mariées à des sujets des puissances étrangères*, etc., etc., *mais seulement en ligne directe.*

Il en fut de même d'un sous-amendement de M. Bonnet, D., tendant à admettre ces Françaises si elles ne s'étaient mariées à des étrangers, et n'étaient ainsi devenues étrangères, qu'après la mort de leur parent ayant droit à l'indemnité, attendu que, comme Françaises encore alors, elles avaient hérité de ce droit, et qu'un étranger peut succéder à un Français.

Un pair (M. le marq. de Coislin S. 20 avril, Mon., no 112), revenant à la proposition de M. Hyde de Neuville, demanda la suppression de ces mots, *antérieurement au 1er avril 1814*... — On suppose apparemment, dit-il, que, depuis la restauration, ces Françaises auraient pu trouver en rentrant en France, les moyens d'y subsister; mais n'est-il pas plus juste de croire qu'elles n'ont pris le parti de se fixer en pays étranger, que parce que la vente de leurs biens leur ôtait en France toute ressource? — Sa demande fut rejetée.

M. le commissaire du Roi répondit : que l'espèce de contrainte que les circonstances avaient exercée sur une foule de Françaises obligées de se fixer malgré elles en pays étrangers, avait servi de motifs à cette disposition, motif qui n'existait plus depuis 1814, puisqu'il avait été libre aux femmes et aux filles d'émigrés de rentrer en France, et que même une ordonnance du Roi, publiée à cette époque, enjoignait à toutes les Françaises que les circonstances retenaient hors du royaume, de rentrer sur le territoire sous les peines portées par le Code civil.

(2) *Ni à leurs enfans nés de pères ayant joui* (à quelque époque que ce soit) *de la qualité de Français....* Cette disposition fut ajoutée par la commission de la Chambre des Pairs, qui pensa que le droit naturel devait être plus puissant que le droit civil, et qu'une loi de justice et de réparation ne devait pas exclure des enfans de la succession de leur mère....; que lorsque la loi française avait aboli le droit d'aubaine, et admis les étrangers sans distinction, à recueillir la succession de leurs parens français, il y aurait quelque chose d'excessivement rigoureux à refuser ce droit au fils d'une Française, au fils de la veuve ou de la fille d'un émigré, d'un condamné ou d'un déporté, et à laisser peser sur lui seul, au jour de la réparation, le poids d'un malheur désormais sans espérance (rapport).

Il y a quelque chose d'équitable, dit M. le comte Portalis, dans son rapport, à distinguer des autres étrangers, des enfans nés de mères françaises et de pères qui ont été eux-mêmes Français pendant un certain temps, lorsque les enfans nés en France de parens étrangers, peuvent réclamer la qualité de Français (art. 9, C. C.). — Cette exception, ainsi limitée, n'a rien d'alarmant pour les prétendans à l'indemnité.

M. le ministre de la Justice combattit l'amendement de la commission, comme inutile. « Les enfans nés, dit-il (Ch. P., S. 20 avril, Monit., n° 112), d'un père qui a joui de la qualité de Français, sont nés, ou pendant que le père était revêtu de cette qualité, ou depuis qu'il l'a perdue, ou avant qu'il l'eût acquise. Dans la première hypothèse, l'enfant est Français (art. 10, C. C.), il n'a besoin d'aucune exception pour avoir droit à l'indemnité. Dans la seconde, l'enfant peut toujours réclamer la qualité de Français, en remplissant les formalités prescrites par le Code civil *. L'exception ne peut s'appliquer qu'à la dernière hypothèse, qui est si rare, que c'est ici le cas d'appliquer la règle qui veut que les lois ne s'occupent que des intérêts généraux.

Remarquons, avec M. le rapp., P., qu'on n'a point jugé nécessaire de dire expressément dans l'article, que ses dispositions n'étaient applicables qu'aux Françaises mariées avec des étrangers, depuis le 1er jan-

---

* » Art. 10. Tout enfant né d'un Français en pays étranger, est » Français. — Tout enfant né en pays étranger, d'un Français qui » aurait perdu la qualité de Français, pourra toujours recouvrer cette » qualité, en remplissant les formalités prescrites par l'article 9.... », mais l'article 20 statue que l'enfant ne pourra se prévaloir de cette qualité, qu'après l'accomplissement de ces formalités, et *seulement pour l'exercice des droits ouverts à son profit depuis cette époque*, donc....

vier 1792, et à leurs enfans. Le sens de la rédaction est assez clair, et ces mots, *veuves* ou *descendans d'émigrés*, de *condamnés* ou *déportés*, supposent nécessairement que ces femmes ne se sont mariées ou remariées qu'*après* l'émigration, la déportation ou la condamnation de leur premier mari ou de leur père, ou aïeul.

ARTICLE 24.

L'art. 1er de la loi du 5 décembre 1814 continuera de sortir son plein et entier effet *. En conséquence aucune des dispositions de la présente loi, ne pourra en aucun cas préjudicier aux droits acquis avant la publication de la Charte constitutionnelle, et maintenus par ledit article, soit à l'État, soit à des tiers, ni donner lieu à aucun recours contr'eux.

La présente loi, discutée, délibérée et adoptée par la Chambre des Pairs et par celle des députés, et sanctionnée par nous cejourd'hui, sera exécutée comme loi de l'Etat, etc., etc. — Si donnons en mandement à nos cours et tribunaux, préfets, corps administratifs, et tous autres, etc., etc.

Donné à Paris, en notre château des Tuileries, le 27 avril 1825, et de notre règne le premier.

Signé CHARLES,

Par le roi;

Le ministre secrétaire d'Etat au département des finances.

Signé JH. de VILLÈLE.

Vu et scellé du grand sceau.

Signé Comte de PEYRONNET.

---

* Cet article porte : « Seront maintenus et sortiront leur plein et » entier effet, soit envers l'Etat, soit envers les tiers, tous jugemens

L'article 7 de la loi, appelle à l'indemnité, l'ancien propriétaire, et à son défaut les Français.... etc., *sans qu'on puisse leur opposer aucune incapacité résultant des lois révolutionnaires.*

Il est facile de comprendre, dit M. le com. du Roi (Ch. D., S. 22 avril), l'abus qui pourrait être fait de ces expressions; tous les actes passés pendant la durée de l'émigration entre l'Etat représentant l'émigré et des particuliers, ont eu pour base l'incapacité prononcée par les lois révolutionnaires. On pourrait dire que cette incapacité devait, aux termes de la loi nouvelle, être considérée comme n'ayant jamais existé; que l'Etat n'a jamais pu représenter valablement l'émigré, que tous les actes par lui souscrits à ce titre doivent être annulés, et que dès-lors l'article 1er de la loi du 5 octobre 1814 se trouve implicitement abrogé.

C'est pour prévenir de pareilles conjectures, c'est pour élever, suivant l'expression de son rapporteur, (M. le comte Portalis) un mur d'airain entre l'irrévocable passé, le présent et l'avenir, pour imposer un éternel silence à toutes les réclamations, et pour éteindre, s'il était possible jusqu'au dangereux souvenir de tant d'actes désastreux, que la commission de la Chambre des Pairs, proposa l'art. 24 qui fut

---

» et décisions rendues, tous actes passés, tous droits acquis avant la » promulgation de la Charte constitutionnelle, et qui seront fondés » sur des lois ou des actes du gouvernement, relatifs à l'émigration. »

L'ordonnance du 21 août 1814 réserve expressément les droits acquis à des tiers.

adopté. — Elle pensa que quelque vicieuse que soit l'origine d'un gouvernement, quelqu'injustes et illégitimes que puissent être ses actes dans leur principe, ils donnent naissance à des droits qui ne participent point à cette illégitimité.

Quel est le but de la loi? dit M. le comte Portalis, dans son rapport, d'agir par une rétroactivité de bienfaisance pour réparer l'injustice et le malheur, mais en respectant les droits acquis. Il nous a semblé qu'elle avait essentiellement pour objet d'effacer les traces de nos calamités, qu'elle devait être juste envers tous, et protéger également tous les droits ; que si à la différence des autres lois, on pouvait admettre jusqu'à un certain point qu'elle agit sur le passé, cette rétroactivité d'exception devait s'exercer exclusivement au profit de la bienfaisance et de la justice ; qu'elle ne pouvait atteindre la législation protectrice et salutaire qui a couvert de son égide les droits acquis et les intérêts nouveaux ; que si elle libère définitivement l'Etat d'une dette sacrée, elle doit abolir en même temps ces différences, à la fois dommageables et affligeantes, établies par l'opinion entre les héritages, et qui, au grand détriment de la fortune publique, de l'union et de la paix intérieure, diminuent la valeur des uns sans accroître celle des autres.....

Dans son résumé de la discussion, il ajouta : la loi de l'indemnité ne doit point constituer le triomphe exclusif de l'émigration. La disposition proposée est d'une indispensable nécessité. On dira peut être, qu'elle n'a pour objet, « que d'ordonner l'exécution d'une loi existante, et que cette loi se suffit à elle-même ; que la Charte et la législation émanée de la Charte, n'ont pas besoin de sanction ; qu'on décrie sa maison en l'étayant. » — Ces objections sont sans force. Vainement les ventes auraient été déclarées irrévocables, si l'on pouvait, sur la demande des anciens propriétaires, déclarer qu'il n'y a pas de vente. La Charte et la loi de 1814 ne suffisent plus, avec la loi nouvelle. Cette loi serait véritablement une source de scandale et de troubles sans l'art. 24.

Précédemment, dans la séance de la Chambre des Députés du 15 mars (Monit. n° 75, suppl.), M. Hay, pensant que, pour remplir complètement le but d'une loi faite pour cicatriser d'une manière absolue et définitive les plaies de la révolution, établir l'harmonie entre les possesseurs et les anciens propriétaires, rendre à la circulation et à l'exploitation des propriétés généralement frappées d'une sorte de réprobation, calmer toutes les inquiétudes et rassurer tous les intérêts, il fallait interdire en termes absolus, tous accès à des recherches quelconques dans les actes de diverse nature antérieurs à la restauration, ou ayant pour objet l'aliénation de biens confisqués, avait proposé un amendement tendant à ce que, « conformément à l'art. 9 de la Charte, et au moyen des « dispositions de la loi d'indemnité, fussent maintenus, et sortissent leur plein et entier effet, tant « à l'égard de l'Etat qu'à l'égard des indemnisés et « des tiers :

« Toutes décisions administratives ;

« Tous jugemens rendus avec l'administration ;

« Toutes liquidations de créances ;

« Tous droits acquis, et en général les actes et ju-« gemens de toute nature émanés, soit de l'adminis-« tration, soit des tribunaux, ayant pour objet les « biens ou droits spécifiés en ladite loi, sans que dans « aucun cas, ces actes, jugemens, décisions, liquida-« tions, pussent être attaqués par quelque personne, « et pour quelque cause que ce fut. »

Il avait ajouté que, quoique consacrés par la Charte, art. 9 *, les principes d'inviolabilité de ces propriétés ne devaient pas moins être produits et consacrés dans toutes les lois y relatives, afin que chacun s'en pénétrât et sut qu'il devait les observer réligieusement. — Que l'art. 1. de la loi du 5 décembre 1814 qu'on pouvait lui objecter, n'était pas assez explicatif; que cette loi n'avait pour but qu'un objet spécial, la restitution des biens non vendus. — Mais cet amendement fut alors rejeté.

M. Dudon D., le combattit comme étant contraire à l'art. 9 de la Charte, attendu qu'elle était assez obligatoire par elle-même, et comme devant faire revivre les lois qui avaient empêché les émigrés d'attaquer par les moyens légaux, communs à tous les citoyens, des actes iniques.

La loi du 5 décembre 1814 (art. 1), dit-il, ne déclarait inattaquables que les actes fondés sur les lois, et l'amendement tend à déclarer tels, de simples actes

* La déclaration de Saint-Ouen qui servit de base à la Charte, portait aussi en termes exprès « que les propriétés seraient inviola-» bles et que la vente des biens nationaux était irrévocable.

administratifs, des actes émanés du comité de surveillance, des districts, etc., etc. Ainsi ce qui conformément aux lois serait susceptible d'être réformé ne pourrait l'être; ainsi l'Etat pourrait opposer dans les liquidations, en déduction aux émigrés, des paiemens de dettes qui avaient été acquittées par eux-mêmes avant l'émigration et dont les créanciers auraient eu l'art de faire revivre les titres dans le désordre qui régnait alors, pour obtenir un second paiement du gouvernement *; ainsi l'émigré ne pourrait réclamer contre une créance induement payée, car il suffirait qu'elle eût été acquittée par le trésor, pour qu'il fût obligé d'en subir la déduction sur le montant de son indemnité **.

Il ajouta, qu'il était impossible que l'Etat fût autorisé à précompter toutes les sommes qu'il avait payées, sans s'assurer si le titre qu'il avait remboursé était valable; et que si cette déduction était faite, il serait injuste de refuser à l'émigré une action en remboursement contre son créancier frauduleux.

M. le min. des fin. répondit envain, que le but de la loi était de prévenir toutes ces récriminations, toutes ces discussions; qu'en ne reconnaissant pour définitif rien de tout ce qui avait été fait pendant 30 ans, c'était rouvrir un champ vaste de récriminations, de procès, de divisions; que la communication

---

* La chose était très-aisée, lorsque la quittance du premier paiement avait été emportée par l'émigré avec ses autres papiers, ou brûlée avec eux. Le gouvernement ne pouvait justifier du paiement, il pouvait même l'ignorer.

** Vid. *contrà*, art. 12, discussion.

prescrite de l'état des déductions, mettait assez l'émigré à même de les contester devant la commission de liquidation établie pour prononcer sur la contestation, contestation qui dans aucun cas ne devait s'élever entre l'émigré et le prétendu créancier, mais seulement entre l'Etat et ce dernier, sans quoi l'on serait en opposition avec le systême de la loi qui tendait à empêcher que les anciens propriétaires indemnisés, fussent en contact avec des tiers. — Qu'au surplus l'amendement de M. Hay lui paraissait tout entier dans l'art. 1, de la loi du 5 décembre 1814; que cette loi était suffisante pour garantir tous les intérêts. — Que la seule difficulté était de savoir si, lorsque cette loi avait fixé les droits que l'on devait respecter, il y avait lieu de les reproduire dans la loi d'indemnité. — Qu'il pensait qu'il était d'une sage politique de le faire, pour porter un correctif à l'ébranlement que la malveillance pourrait jeter dans certains esprits, et pour calmer les craintes que l'on pourrait chercher à inspirer aux personnes hors d'état de peser et d'apprécier des dispositions législatives.

Les dispositions de l'art. 24, sont en parfaite harmonie avec la jurisprudence judiciaire et administrative en vigueur jusqu'à ce jour.

Voici quelques notices y relatives :

Les jugemens rendus entre l'Etat et auxquels il a acquiescé, ne peuvent être attaqués par l'émigré. — 22 ventôse an 13, Cass., Dijon, S. 3, 1, 304. — A moins que l'acquiescement soit postérieur à la radiation de l'émigré. — 27 juillet 1819, Cass., s. 20., 1. 38.

Les anciens propriétaires n'ont été restitués dans leurs biens que sous la réserve des droits des tiers. — Ordonnance, 12 août 1818, s. 18. 2. 73.

L'émigré amnistié est tenu d'exécuter les baux faits pendant son émigration par celui qui avait la jouissance provisoire de ses biens, 9 mai 1809. C. cass. rejet. — Rouen, s. 9. 1. 259. P. t. 24. p. 291.

Les émigrés réintégrés ne peuvent intenter directement une action à raison des coupes adjugées et faites avant la remise de leurs biens. — 3 avril 1822. Cass. rejet. Lyon, s. 22. 1. 292.

(1er mai 1825.)

ORDONNANCE DU ROI

Pour l'exécution de la Loi de l'Indemnité.

CHARLES, etc.

Vu la loi du 27 avril 1825, portant affectation d'un fonds de trente millions de rentes au paiement de l'indemnité due par l'État aux Français dont les biens-fonds situés en France, ou qui faisaient partie du territoire français au 1er janvier 1792, ont été confisqués et aliénés en vertu des lois sur les émigrés, les déportés et les condamnés révolutionnairement ;

Voulant déterminer le mode d'exécution de la loi, de manière à accélérer autant qu'il est possible les liquidations :

Nous avons ordonné et ordonnons ce qui suit :

TITRE 1er.

Dispositions générales.

Art. 1er. Il sera procédé immédiatement par les directeurs des domaines dans les départemens, à la liquidation de l'indemnité due par l'Etat pour tous les biens-fonds confisqués et vendus révolutionnairement.

Ces liquidations seront faites au nom du propriétaire dépossédé, et serviront de bases aux bordereaux à former sur les réclamations des parties, conformément aux dispositions contenues en la présente ordonnance.

2. Notre ministre secrétaire d'Etat des finances trans-

mettra au directeur-général de l'administration de l'enregistrement et des domaines, l'état des déductions à imputer, sur l'indemnité due aux anciens propriétaires de biens-fonds confisqués et vendus révolutionnairement ou à leurs représentans. Cet état sera adressé aux directeurs des domaines de chaque département. Il contiendra les dettes payées à la décharge du propriétaire dépossédé, excepté en ce qui concerne les sommes payées à titre de secours aux femmes et enfans, les gages de domestiques et autres paiemens de même nature faits en assignats et en exécution des lois des 8 avril 1792 et 12 mars 1793. Loi de l'Indemnité art. 8, 9.

3. Le directeur-genéral de l'engistrement et des domaines, joindra à l'état qui lui aura été transmis par le ministre des finances, un tableau indicatif :

1°. Des soultes payées à la décharge des propriétaires dépossédés ;

2°. Des sommes provenant de reliquats de décomptes, lesquelles ont été remises aux anciens propriétaires ou à leurs représentans, en exécution de la loi du 5 décembre 1814 et des compensations opérées à leur profit pour des sommes dues par eux au même titre ;

3°. Du montant des bons au porteur donnés en remboursement, aux déportés et aux familles des condamnés, en exécution des décrets des 21 prairial et fructidor an 3, réduits en numéraire au cours du jour où la rémise leur en a été faite.

Il prescrira aux directeurs de son administration, dans les départemens où sont situés les biens vendus révolutionnairement, et qui proviennent d'engagemens ou autres aliénations du domaine royal, qui n'auraient été aintenus par les lois des 14 ventôse an 7 et 28 avril 1816, qu'à la charge de payer le quart de la valeur desdits biens, d'en dresser un état général, afin qu'il soit fait déduction du quart sur l'indemnité due pour les mêmes biens. L. 9, 15.

4. Les préfets feront rechercher sans délai dans les archives du département, et classer, à l'aide d'un répertoire alphabétique, les procès-verbaux d'expertise, d'adjudication ou de partage; et tous les actes administratifs concernant les biens-fonds confisqués ou aliénés en exécution des lois sur les émigrés, les déportés et les condamnés révolutionnairement, et qui devront être ou consultés par les employés supérieurs des domaines, ou produits pour la vérification ou la constatation des relevés ou extraits d'après lesquels les décomptes d'indemnité auront été établis.

Un semblable travail aura lieu pour les titres des créances, dont la liquidation a été faite dans les départemens. Ord. 29.

TITRE II.

Des demandes en indemnité, et des pièces qui doivent y être annexées.

5. L'ancien propriétaire des biens-fonds qui, en exécution des lois sur les émigrés, les déportés et les condamnés révolutionnairement, ont été confisqués ou aliénés, qui ont été, soit donnés aux hospices et autres établissemens de bienfaisance, en remplacement de leurs biens vendus ou en paiemens de dettes, soit affectés provisoirement à de semblables établissemens, soit concédés gratuitement à d'autres établissemens ou à des particuliers; à défaut de l'ancien propriétaire, les Français qui étaient appelés par sa volonté ou par la loi, à le représenter à l'époque de son décès : les héritiers qui, en cas de renonciation des héritiers naturels ou institués,

auraient accepté la succession, ou ceux qui, par les arrangemens de famille, ont supporté la perte résultant de la confiscation.

Les Françaises veuves ou descendantes d'émigrés, de déportés ou de condamnés révolutionnairement, lesquelles auraient contracté mariage avec des étrangers antérieurement au 1er avril 1815, et leurs enfans nés de pères ayant joui de la qualité de Français, devront, pour obtenir l'indemnité, adresser une demande en liquidation au préfet du département de la situation des biens. L. 1, 8, 15, 16, 17, 23.—Ordonnance 7, 8, 9, 10, 11, 12 13, 27, 28.

6. Toute demande en indemnité contiendra :

1°. Élection de domicile dans le département de la situation des biens-fonds. — Ordonnance, 34, 49.

2°. Les noms et prénoms des individus sur lesquels les biens-fonds ont été confisqués ;

3°. La déclaration que le réclamant n'est pas rentré, depuis la confiscation, en la possession des mêmes biens, ou s'il y est rentré, les indications contenues aux art. 13, 14 et 15 de la présente ordonnance.

Cette demande sera en outre appuyée des titres et pièces nécessaires pour établir la qualité d'ayant-droit à l'indemnité, conformément à ce qui va être indiqué.

7. Lorsque l'indemnité sera réclamée par l'ancien propriétaire, il devra justifier de sa qualité, en produisant :

1°. Un extrait de son acte de naissance en due forme ;

2°. Un acte de notoriété, dressé par-devant le juge de paix, de la situation des biens confisqués, du domicile du réclamant, signé par cinq témoins notables, et constatant son identité avec le propriétaire dépossédé. L. 7.

8. Si la demande en indemnité est formée par des

Français qui étaient appelés par la loi ou par la volonté de l'ancien propriétaire à le représenter à l'époque de son décès, les réclamans produiront, indépendamment de l'extrait de naissance de chacun d'eux, l'extrait des registres de l'état civil, constatant le décès du propriétaire dépossédé et les actes servant à établir leurs droits à la succession.

Les héritiers qui entendront se prévaloir de la renonciation qui aura été faite à la succession de l'ancien propriétaire, par les héritiers naturels ou institués à l'époque de son décès, devront en outre produire une copie en due forme de l'acte de renonciation et de la preuve de l'acceptation. L. 7.

9. Les Françaises, veuves ou descendantes d'émigrés, déportés ou condamnés révolutionnairement, que l'art. 23 de la loi admet à participer à l'indemnité, bien que mariées avec des étrangers, lorsque le mariage a été contracté antérieurement au 1er avril 1814, devront présenter, indépendamment des pièces mentionnées aux articles ci-dessus, une copie de leur acte de mariage, revêtue des légalisations nécessaires. L. 23.

10. Les enfans des Françaises, veuves ou descendantes d'émigrés, déportés ou condamnés révolutionnairement, qui sont nés de pères ayant joui de la qualité de Français, et que l'article 23 de la loi appelle également à jouir de l'indemnité, joindront à leur demande et aux titres établissant leurs droits, les actes authentiques constatant que leur père a possédé la qualité de Français, et l'acte de mariage de leur mère. L. 23.

11. Lorsque la demande en indemnité sera fondée sur les dispositions du premier paragraphe de l'article 3 de la loi, les ascendans d'émigrés qui auront acquis de l'É-

tat, au prix de l'estimation déclarée, les portions de leurs biens-fonds attribués à l'Etat par le partage de la présuccession, devront en même temps qu'ils requéreront la liquidation de leur indemnité dans la forme indiquée aux articles 5, 6 et 7 de la présente ordonnance faire la déclaration du rachat qu'ils ont effectué, et indiquer les noms et prénoms de ceux sur lesquels la confiscation a été opérée.

A défaut de l'ascendant acquéreur de l'Etat, celui ou ceux des héritiers qui d'après les arrangemens de famille, auront supporté la perte, devront en faire la déclaration dans la demande qu'ils adresseront au trésor, et administrer la preuve des droits et qualités auxquels ils réclament. L. 3. Ordon, 23.

12. Les légitimaires frappés de confiscation dans les biens-fonds qu'ils avaient droit de réclamer pour leur légitime : à défaut des légitimaires, leurs représentans, devront réunir à leur demande et aux titres établissant leurs qualités et droits, l'indication des biens-fonds sur lesquels ils avaient droit de réclamer *en nature* leur légitime et les noms et prénoms de l'aîné ou autre héritier institué qui a acquis les biens. Ordonn. 23

13. A l'égard de l'ancien propriétaire rentré en possession des biens confisqués sur lui, après les avoir acquis de l'Etat, soit directement, soit par ascendant, descendant, femme ou tout autre personne interposée ou de l'héritier de l'ancien propriétaire, qui a racheté directement de l'Etat les biens confisqués sur son auteur, la demande qu'ils adresseront au préfet, conformément aux articles 5, 6 et 7 de la présente ordonnance, devra en outre contenir la déclaration du rachat qu'ils ont effectué et la désignation des noms et prénoms de la personne interposée. L. 4, ordonnance 24.

14. Lorsque, par rachat fait à des tiers, l'ancien propriétaire sera rentré en possession des biens confisqués sur sa tête, soit par lui directement, soit par ascendant, descendant, femme ou tout autre personne interposée, ou lorsque l'héritier de l'ancien propriétaire sera rentré en possession des biens confisqués sur son auteur, par aquisition directe faite à l'Etat; la demande adressée au préfet, en conformité des articles 5, 6 et 7, en contiendra la déclaration ; et pour que l'indemnité soit appréciée et réglée à une somme égale aux valeurs réelles payées aux tiers vendeurs, sans qu'elle puisse toutefois excéder l'allocation résultante de l'article 2 de la loi, le réclamant, indépendamment des titres servant à justifier de ses droits et qualités, devra produire :

1°. Dans le cas où l'ancien propriétaire lui-même ou son héritier aurait racheté directement à des tiers, une copie du contrat d'acquisition ayant date certaine;

2°. Si le rachat a été fait par personne interposée, ou par ascendant, descendant, ou femme de l'ancien propriétaire, l'acte d'acquisition par la personne interposée et l'acte de rétrocession, l'un et l'autre en forme authentique ou ayant date certaine.

15. Les réclamans qui ne pourraient administrer la preuve des sommes qu'ils ont payées à des tiers, pour le rachat des biens dans la possession desquels ils sont rentrés, devront, dans la demande en indemnité qu'ils adresseront au préfet, faire la déclaration de l'impossibilité où ils se trouvent de fournir les justifications nécessaires. L. 4, ordon. 25, 26.

TITRE III.

De l'enregistrement des demandes en indemnité déposées à la préfecture, et des délais fixés pour leur admission.

16. Toute demande en indemnité parvenue à la préfecture sera aussitôt portée sur le registre spécial qui doit y être ouvert en exécution de l'art. 20 de la loi. Ce registre, conforme au modèle si annexé, sera coté et paraphé par première et dernière par le préfet. Les réclamations y seront inscrites à la date et dans l'ordre de leur arrivée; chaque demande sera revêtue d'un *visa* signé par le secrétaire-général, avec indication du numéro et de la date de l'enregistrement.

Le même registre servira également à constater successivement et d'une manière sommaire la suite donnée à chaque affaire jusqu'à sa conclusion.

Des extraits régulièrement certifiés de ce registre ou de l'enregistrement des demandes seront délivrés à toutes personnes qui auront intérêt à les réclamer. L. 20.

17. Aux termes de l'art. 19 de la loi, les réclamations tendantes à obtenir l'indemnité, devront être formées à peine de déchéance dans le délai d'un an pour les habitans du royaume, de dix-huit mois pour ceux qui se trouvent dans les autres Etats de l'Europe, et de deux ans pour ceux qui se trouvent hors d'Europe.

En conséquence, à la fin du jour de l'expiration d'une année, à partir de la promulgation de la loi dans le département, le préfet sera tenu de clore et d'arrêter le registre des réclamations par un procès-verbal constatant l'heure de la clôture, et dont il adressera une ampliation à notre ministre secrétaire d'Etat des finances dans les vingt-quatre heures.

18. Ne seront plus admises à l'enregistrement :

1°. Les demandes en indemnité présentées après le délai d'un an jusqu'à celui de dix-huit mois, si elles ne sont accompagnées de la preuve authentique que le réclamant se trouvait dans les autres Etats de l'Europe au moment de la promulgation de la loi ;

2°. Les demandes qui seront présentées après dix-huit mois, jusqu'au terme de deux ans, à moins qu'elles ne soient accompagnées de la preuve authentique constatant qu'au moment de la promulgation de la loi le réclamant se trouvait hors d'Europe. L. 19.

19. Aussitôt après la réception et l'enregistrement des demandes, le préfet les transmettra au directeur des domaines du département, chargé de préparer les élémens de la liquidation et de dresser en conséquence le bordereau de l'indemnité. L. 8.

TITRE VI.

De la réunion des élémens de liquidation, et de la formation des bordereaux d'indemnité par le directeur des domaines.

20. A la réception des demandes à lui transmises par le préfet, le directeur des domaines procédera à la formation du bordereau d'indemnité dans l'ordre, des inscriptions sur le registre de la préfecture et conformément à ce qui va être ci-après indiqué. L. 8.

21. Si les biens-fonds ont été vendus en exécution des lois qui ordonnaient la recherche et l'indication préala-

ble du revenu de 1790, ou du revenu, valeur de 1790 le bordereau contiendra l'énonciation du procès-verbal d'expertise ou d'adjudication, en ce qui concerne la date des lois ou décrets en vertu desquels l'aliénation a été faite, et celle des actes d'aliénation, les noms et prénoms des propriétaires dépossédés; la désignation des biens, l'évaluation de leur revenu, les causes de leur confiscation et la fixation de l'indemnité à un capital égal à dix-huit fois le revenu tel qu'il a été constaté par les procès-verbaux d'expertise ou d'adjudication. L. 2, § 1.

22. Si la vente a été faite en vertu des lois antérieures au 12 prairial an 3, qui ne prescrivaient qu'une simple estimation préalable, le bordereau contiendra l'énonciation du procès-verbal d'adjudication en ce qui a rapport aux noms et prénoms du propriétaire dépossédé, à la date des lois en exécution desquelles les ventes ont été faites, à celles des actes de ventes, à la désignation des biens aliénés, aux causes de la confiscation, à la date et au montant de la vente, et le réglement de l'indemnité en capital à une somme égale au prix de la vente réduit en numéraire, au jour de l'adjudication, d'après le tableau de dépréciation des assignats, dressé dans le département où étaient situées les propriétés vendues. L. 2. §. 2e.

23. A l'égard des portions de biens attribuées à l'Etat par le partage de présuccession, qui ont été rachetées par l'ascendant d'un émigré, ou des portions de biens-fonds que des légitimaires frappés de confiscation, avaient droit de réclamer, et dont le prix a été payé à l'Etat par un aîné ou autre héritier institué, le bordereau dressé par le directeur des domaines portera :

1° Les énonciations de l'acte de liquidation et partage du patrimoine déclaré, en exécution de la loi du 28 avril 1795 (7 floréal an 3), en ce qui a rapport aux noms et prénoms de l'acquéreur et du propriétaire dépossédé, à la désignation des biens, aux causes de la confiscation, à la date et au montant de la vente ;

2° Le relevé fait sur le registre des domaines constatant la nature des valeurs données en paiement, la date et le montant de chacun des versemens en principal et intérêts ;

3° Le réglement de l'indemnité à la valeur des sommes qui auront été payées à l'État, suivant l'application à chacune des sommes versées et à la date du versement, de l'échelle de dépréciation des départemens pour les assignats ou les mandats, et le tableau du cours pour les autres valeurs reçues en paiement. Ordonn. 11, 12. L. 3.

24. Quant aux biens-fonds qni sont rentrés en la possession de l'ancien propriétaire, après avoir été rachetés de *l'État*, soit par l'ancien propriétaire directement, soit par ascendans, descendans, femmes ou autres personnes interposées, le bordereau devra comprendre l'énonciation de l'acte de vente relativement à la date de l'aliénation, aux noms, prénoms de l'acquéreur et du propriétaire dépossédé, aux rapports de parenté ou d'alliance existans entr'eux, à la désignation et au prix de vente des biens, aux causes de la confiscation, à la nature des valeurs données en paiement, au montant et la date de chacun des versemens en principal et intérêts, et la fixation de l'indemnité à la valeur réelle payée à l'État. L. 4. Ordonn. 13.

25. Si la demande en indemnité est présentée par les héritiers de l'ancien propriétaire rentré dans la posses-

sion des biens confisqués sur lui, après les avoir acquis de l'État directement, l'indemnité sera réduite à la valeur des sommes payées à l'État, et le bordereau renfermera en conséquence les mêmes énonciations que celles dont il a été fait mention à l'article précédent. L. 4, Ordonn. 14, 30.

26. Lorsque les anciens propriétaires seront rentrés en possession des biens confisqués sur leurs têtes, après les avoir rachetés à des tiers, directement ou par ascendans, descendans, femmes et toutes autres personnes interposées, ou lorsque l'héritier de l'ancien propriétaire sera rentré en possession des biens confisqués sur lui et par acquisition directe faite à des tiers, le bordereau comprendra :

1° Le montant de l'indemnité, d'après les valeurs payées et les justifications fournies par le réclamant, conformément à l'art. 14 de la présente ordonnance;

2° Le montant de l'indemnité résultant de l'application des bases générales de la loi et des dispositions contenues à l'art. 21 ou à l'art. 22 de la présente ordonnance, suivant l'époque à laquelle la vente desdits biens a eu lieu;

3° Et, en définitive, le réglement de l'indemnité à la moindre des deux sommes provenant de la double liquidation ci-dessus prescrite.

A défaut de justifications, la fixation de l'indemnité sera égale aux valeurs réelles formant le prix payé à l'État, et en conséquence le bordereau dressé par le directeur des domaines, devra contenir les diverses indications contenues à l'art. 23 ci-dessus. L. 4, Ordonnance 14, 30.

27. A l'égard des biens qui ont été donnés aux hos-

pices ou autres établissemens de bienfaisance, soit en remplacement de leurs propriétés aliénées, soit en paiement des sommes à eux dues par l'Etat, ainsi que des biens qui n'ont été que provisoirement affectés à des établissemens de bienfaisance, le directeur énoncera dans le bordereau, la date de la confiscation, les noms et prénoms du propriétaire dépossédé, la date des lois et décrets en exécution desquels ont été faites les concessions; celle des actes de concession, le nom de l'établissement concessionnaire, la désignation des biens, le prix de l'estimation tel qu'il a été porté dans l'acte de concession, et la fixation de l'indemnité au montant de l'estimation en numéraire faite avant la cession. L. 16, 98, Ordonn. 5.

28. En ce qui concerne les biens définitivement et gratuitement concédés par l'État, soit à des établissemens publics autres que des hospices et des établissemens de bienfaisance, soit à des particuliers, le bordereau contiendra les énonciations portées à l'article précédent, s'il a été procédé à l'estimation avant la cession.

A défaut d'estimation antérieure à la cession, le directeur provoquera auprès du préfet, l'expertise d'après laquelle sera établie la valeur desdits biens à l'époque de 1790, ou valeur de 1790. Les experts seront au nombre de trois. Ils seront nommés par les ayant-droit à l'indemnité, et par le préfet. Si le préfet et les parties ne peuvent s'entendre sur la nomination de trois experts, il y sera pourvu, conformément au code de procédure civile, par le tribunal de la situation des biens. Expédition du procès-verbal d'expertise sera remise au directeur des domaines. Le résultat en sera consigné au bordereau établi dans la forme indiquée à l'article précédent, et contenant le réglement de l'indemnité à un capital égal au montant de l'estimation d'après l'expertise contradictoire. L. 16, 17, Ordonn. 5.

29. Lorsque les archives du département auront été détruites, cette circonstance devra être constatée par le préfet, et il sera suppléé aux procès-verbaux d'expertise ou d'adjudication, et autres actes administratifs, par les sommiers des receveurs des domaines. Ordonn. 4.

30. Le bordereau présentera le décompte de la totalité due à l'ancien propriétaire, pour raison des biens confisqués sur sa tête et vendus révolutionnairement dans le même département.

Si, à défaut de l'ancien propriétaire, la demande en liquidation a été faite par un héritier ou autre ayant-droit, le nom de l'héritier ou de l'ayant-droit sera en outre porté dans le bordereau avec la désignation de la qualité en laquelle il agit, de la part qu'il réclame dans la liquidation de l'indemnité de l'ancien propriétaire et le réglement de l'indemité, réduit conformément aux dispositions de la loi, dans le cas où il se trouverait dans la situation prévue aux art. 25 et 26 de la présente ordonnance. L. 7, 8. Ordonn. 25.

31. Mention sera faite sur le bordereau de l'indemnité, de la somme due par l'ancien propriétaire ou par le réclamant, suivant les états du passif qui seront transmis par le directeur-général des domaines, conformément aux dispositions de l'art. 3 de la présente ordonnance. Si, d'après ces mêmes états, aucune dette n'est à imputer sur l'indemnité, mention en sera faite et certifiée au bordereau par le directeur des domaines. L. 8, 9.

32. Si la communication des pièces qui auront servi à la formation du bordereau d'indemnité ou des titres de créance qui y sont mentionnés est demandée par les parties, elle leur sera donnée sans déplacement, sur une

demande adressée aux fonctionnaires et agens entre les mains desquels ces pièces ou titres se trouvent déposés. L. 8. Ordonn. 34.

33. Le directeur des domaines adressera au préfet les bordereaux d'indemnité en double expédition et toutes les pièces à l'appui, avec telles observations qu'il jugera utiles, soit sur les droits et qualités des réclamans, soit sur les justifications par eux produites, soit sur les bases adoptées pour la liquidation et la formation des bordereaux d'indemnité, et enfin sur tout ce qui peut être sujet à discussion ou à contestation. L. 8.

TITRE V.

De la communication des bordereaux d'indemnité aux réclamans : de la vérification des titres par le conseil de la préfecture, et de ses avis.

34. Après le renvoi qui lui aura été fait du bordereau d'indemnité, le préfet en donnera une copie aux réclamans, au domicile qu'ils auront élu dans le département, ainsi que l'état des dettes mentionnées au bordereau, afin qu'ils aient à lui présenter leurs mémoires et observations. Ordonn. 6. 49. L. 8.

Ces mémoires devront être accompagnés d'observations distinctes et séparées, ayant pour objet la lésion qui pourrait résulter pour les réclamans de l'application des dispositions générales de la loi, et qui porterait l'allocation à une somme moindre que dix-huit fois le produit *réel* de 1790. L. 2. 8. Ordonn. 32.

35. Aussitôt après que les observations ou mémoires que les réclamans auraient à présenter, lui seront par-

venues, le préfet, en conseil de préfecture, procédera 1° à la vérification des titres justificatifs des qualités et droits des réclamans; 2° à l'examen des bases adoptées pour le réglement de l'indemnité, des énonciations du bordereau, et des observations des réclamans.

Il donnera sur le tout un avis motivé. L. 8.

36. Le préfet, en conseil de préfecture, par un avis distinct et séparé, donnera son opinion sur le mérite des réclamations pour cause de lésion résultant pour les ayant-droit de la fixation de l'indemnité à un capital moindre de dix-huit fois le revenu *réel* de 1790.

37. Si dans un bordereau le montant de l'indemnité se trouve excédé ou seulement balancé par l'imputation des dettes du réclamant envers l'Etat, le bordereau, nonobstant ce résultat, devra être vérifié, discuté et donner lieu à un avis du préfet en conseil de préfecture.

38. Ampliation certifiée de l'avis du préfet, séant en conseil de préfecture, sera communiquée aux parties, dans les huit jours de sa date, au domicile par elles indiqué dans la demande.

Dans le même délai, cet avis, portant mention de la communication faite aux parties, sera adressé par le préfet à notre ministre secrétaire d'Etat des finances, avec toutes les pièces à l'appui, ensemble les mémoires et observations des réclamans, concernant les résultats du bordereau. Les observations que les réclamans pourraient avoir à présenter contre l'avis du conseil de préfecture devront être adressées directement à notre ministre secrétaire d'Etat des finances. L. 8.

39. Le conseil de préfecture se réunira trois fois par semaine, et plus fréquemment s'il est reconnu nécessaire,

à l'effet de délibérer sur les demandes en indemnités : ses avis seront consignés sur un registre spécial.

40. Notre ministre secrétaire d'Etat des finances communiquera à l'administration des domaines, avant de les transmettre à la commission de liquidation, les bordereaux d'indemnité qui lui auront été envoyés par les préfets, et les mémoires ou observations que lui adresseraient les réclamans; il fera vérifier s'il n'y a pas eu de double emploi ou d'omission dans la déduction des dettes portées aux états de passif, dressés au ministère des finances ou à la direction des domaines. L. 9, 10.

TITRE VI.

De la commission de liquidation, de ses opérations, et de l'inscription des rentes liquidées.

41. La commission de liquidation sera composée de vingt-six membres. Les rapports seront faits à la commission par tous les maîtres des requêtes composant le service ordinaire de notre conseil d'Etat, à leur tour de rôle. La voix du maître des requêtes rapporteur comptera dans les délibérations. L. 10.

42. La commission sera divisée en cinq sections : elles seront présidées par un ministre d'Etat. Il suffira de trois membres présens pour que les délibérations puissent avoir lieu : en cas de partage, l'affaire sera envoyée à toutes les sections réunies.

43. Il y aura près de la commission de liquidation un secrétaire-général.

Dans chacune des cinq sections, un secrétaire-adjoint tiendra la plume, et rédigera le procès-verbal des séances.

44. La commission de liquidation recevra, de notre ministre secrétaire-d'Etat des finances, les titres, bordereaux, états de passif, accompagnés des avis donnés, tant par le préfet en conseil de préfecture que par l'administration des domaines, et des observations et mémoires produits par les réclamans. L. 10.

45. Les communications faites à la commission par notre ministre secrétaire d'Etat des finances, seront consignées sur un registre; les réclamations seront examinées dans l'ordre de leur transmission.

46. La commission procédera d'abord à la reconnaissance des qualités et droits des réclamans.

Si elle pense que leurs titres soient insuffisans, que leur justification est irrégulière, ou il s'élève entre les réclamans des contestations sur leurs droits respectifs, la commission les renverra à se pourvoir devant l'autorité compétente pour faire statuer sur leurs qualités ou prononcer sur leurs prétentions. L. 11.

47. Quand la justification des qualités et droits aura été reconnue suffisante, ou quand il aura été statué conformément à l'art. précédent, la commission, après avoir vérifié qu'il a été donné copie aux parties des bordereaux et états de passif, procédera à la liquidation conformément aux bases posées par la loi pour les différentes classes de biens confisqués ou vendus. L. 12.

48. Les délibérations de la commission seront signées du président et du secrétaire-général.

Il en sera adressé copie à notre ministre secrétaire-d'Etat des finances.

49. La communication à donner aux ayant-droit, conformément à l'article 19 de la loi, aura lieu par l'intermédiaire des préfets au domicile élu dans les demandes d'indemnité. Ordonn. 6, 34.

50. Après cette notification, les ayant-droit pourront requérir l'inscription immédiate de la rente liquidée à leur profit, en déclarant qu'ils n'entendent pas exercer de pourvoi. Leur demande contiendra en outre l'indication du département où ils veulent être payés des arrérages de la rente à inscrire en leur nom. A défaut de déclaration, la délivrance de l'inscription n'aura lieu qu'après l'expiration du délai accordé pour le pourvoi.

Ceux dont l'indemnité n'excéderait pas une rente de 250 francs, pourront en réclamer l'inscription immédiate et intégrale, en affirmant qu'ils n'ont droit à aucune autre liquidation. L. 5. 14.

51. En cas de pourvoi pardevant nous en notre conseil-d'Etat, soit par les ayant-droit, soit par notre ministre des finances, conformément aux dispositions de l'art. 14 de la loi, il sera sursis à la délivrance de l'extrait d'inscription jusqu'à la décision à intervenir. L. 5, 13.

52. A la réception des déclarations voulues par l'article 50 ci-dessus, qui lui seront transmises par le préfet, notre ministre secrétaire d'Etat des finances fera procéder par imputation, sur le crédit de 30 millions de rentes qui lui est ouvert, à l'inscription intégrale des rentes de 250 francs et au-dessous. A l'égard de celles qui excéderaient cette quotité, il y sera procédé par cinquième à l'époque du 22 juin de chaque année, à partir de 1825, avec jouissance du jour de l'inscription autorisée. L. 5, 6.

53. La remise des extraits d'inscription sera faite aux ayant-droit, à Paris, par le directeur du grand livre de

la dette inscrite, au ministère des finances; dans les départemens, par le receveur général. L. 1. 6.

54. Notre ministre secrétaire-d'Etat des finances prendra les mesures nécessaires pour que les indemnisés jouissent, pour toucher les arrérages de leurs rentes dans les départemens de leur résidence, des mêmes facilités qui sont accordées aux autres propriétaires de rentes.

55. La commission de liquidation, toutes les sections réunies, examinera les avis donnés par le préfet en conseil de préfecture, sur la lésion éprouvée par les ayant-droit à l'indemnité. Lorsque le résultat des liquidations sera connu, elle vérifiera à quelle somme s'élèvent les fonds restés disponibles sur les 30 millions de rente; et afin de nous préparer les moyens de réparer les inégalités résultantes des bases fixées par l'art. 2 de la loi, elle nous présentera, avec un rapport sur ses travaux, un tableau indiquant la situation relative de tous les individus qui ont participé à l'indemnité. L. 2.

TITRE VII.

Des créanciers et des biens affectés provisoirement aux hospices et autres établissemens de bienfaisance.

56. Les oppositions qui seraient formées à la délivrance des inscriptions de rente par les créanciers porteurs de titres antérieurs à la confiscation, non liquidés ni payés, et qui ne doivent avoir d'effet que pour le capital des créances, seront dans tous les cas signifiées à à Paris, au ministère des finances, bureau des oppotions. L. 18.

Ces oppositions et celles que pourraient former des

créanciers porteurs de titres postérieurs à la confiscation, seront faites dans les formes prescrites par les lois des 19 février 1792 et 30 mai 1793, et par le décret du 18 août 1807 *.

---

* L'art. 8 de la première de ces lois porte : « Les saisies et oppositions.... seront datées du jour et de l'heure ; elles exprimeront » clairement, outre les noms des saisissans et opposans, les noms et » qualités des parties prenantes, et l'objet saisi ou grevé d'opposi- » tion, faute de quoi elles seront regardées comme non avenues. » — L'art. 9. « L'huissier.... sera tenu de déposer son exploit pendant » 24 heures, à la trésorerie pour y être enregistré et visé sans frais. » Toutes saisies et oppositions non visées seront nulles. — L'art. 10 » oblige les commissaires de la trésorerie, d'exprimer, en inscrivant » le *visa*, le montant des sommes dues par le trésor public au débi- » teur saisi : au moyen de quoi le *visa* tient lieu d'affirmation, et les » saisissans peuvent sans qu'il soit besoin de nouvelle déclaration ni » de mise en cause de l'agent du trésor public, poursuivre la validité » des saisies et jugemens de distribution. Les sommes saisies restent » par forme de dépôt au trésor public, jusqu'au jugement de distri- » bution ou de main-levée, si mieux n'aiment les parties, dit l'ar- » ticle, convenir d'un autre séquestre, etc., etc. — L'art. 13 déclare » qu'il sera délivré sans frais autres que ceux de papier timbré, des » extraits d'opposition à tous les requérans.

La loi du 30 mai 1793 en confirmant celle du 19 février 1792, obligea (art. 1.) l'opposant de déclarer en outre dans l'exploit, le montant de sa créance et de fournir copie ou extrait en forme de son titre : « Les saisies et oppositions n'auront d'effet, porte l'art. 2, que jusqu'à concurrence de la somme portée auxdits titres ou de ce qui sera déclaré en rester dû, et celles qui seront faites à l'avenir, dit l'art. 3, sans remplir ces conditions ne seront point visées et demeureront nulles. »

Survint le 18 août 1807 un décret impérial qui rappelant les dispositions des lois de 1792 et 1793, en omit cependant quelques-unes. (Ex. la mention de l'heure.... le dépôt de l'exploit à la trésorerie pendant 24 heures, etc.) Ce décret a-t-il entièrement abrogé ces lois? cela paraît résulter de ces mots du contexte : « *Voulant.. réunir toutes les dispositions relatives à cet objet et faciliter la connais-*

57. A l'égard des biens-fonds qui n'ont été que provisoirement affectés aux hospices et autres établissemens de bienfaisance, et qui, aux termes de l'article 8 de la

---

sance des règles à observer.... » Mais alors pourquoi dans l'art. 56 de l'ordonnance renvoyer à ces mêmes lois? Ne devait-il pas suffire d'indiquer le décret de 1807, si vraiment il renferme toutes les règles à observer? Le lecteur en jugera lui-même. Voici ce décret en entier.

« Sur le rapport, etc. — Vu l'avis du conseil d'Etat du 12 mai 1807, appr. le 1 juin; (cet avis déclarait que l'art. 1041, C. P., n'avait point abrogé les dispositions cidessus.) Vu le tit. 10 du liv. 3 du Cod. de procédure civ., ensemble les lois des 19 février 1792 et 30 mai 1793;

» Considérant que les lois des 19 février 1792 et 30 mai 1793 avaient établi les formes à suivre pour les saisies-arrêts ou oppositions signifiées au trésor public;

Que d'après le susdit avis de notre conseil-d'Etat, approuvé par nous, l'abrogation prononcée par l'art. 1041 du code de procédure civile ne s'étend point aux affaires qui intéressent le gouvernement, pour lesquelles il a toujours été regardé comme nécessaire de se régir par des lois spéciales, soit en simplifiant la procédure, soit en produisant des formes différentes;

» Qu'ainsi les lois des 19 février 1792 et 30 mai 1793 continuent d'être les règles de la matière, à l'exception des dispositions du code de procédure civile, qui portent nominativement sur les saisies-arrêts ou oppositions signifiées aux administrations publiques, et qui se bornent aux deux art. 561 et 569;

» Voulant, pour le bien de notre service et pour celui des parties intéressées, réunir toutes les dispositions relatives à cet objet et faciliter la connaissance des règles à observer;

» Notre conseil d'Etat entendu,

» Nous avons décrété ce qui suit, etc.:

» Art. 1er. Indépendamment des formalités communes à tous les exploits, tout exploit de saisie-arrêt ou opposition entre les mains des receveurs, dépositaires ou administrateurs de caisses ou de deniers publics, en cette qualité, exprimera clairement les noms et qualités de la partie saisie; il contiendra, en outre, la désignation de l'objet saisi.

loi du 5 décembre 1814, doivent être restitués après que ces établissemens auront reçu un remplacement de dotation égal à la valeur de ces biens, si les anciens proprié-

---

» 2. L'exploit énoncera pareillement la somme pour laquelle la saisie-arrêt ou opposition est faite ; et il sera fourni, avec copie de l'exploit, auxdits receveurs, caissiers ou administrateurs, copie ou extrait en forme du titre du saisissant.

» 3. A défaut par le saisissant de remplir les formalités prescrites par les art. 1 et 2 ci-dessus, la saisie-arrêt ou opposition sera regardée comme non avenue.

» 4. La saisie-arrêt ou opposition n'aura d'effet que jusqu'à concurrence de la somme portée en l'exploit.

» 5. La saisie-arrêt ou opposition formée entre les mains des receveurs, dépositaires ou administrateurs de caisses ou de deniers publics, en cette qualité, ne sera point valable, si l'exploit n'est fait à la personne préposée pour le recevoir, et s'il n'est visé par elle sur l'original, ou, en cas de refus, par le procureur impérial près le tribunal de première instance de leur résidence, lequel en donnera de suite avis aux chefs des administrations respectives.

» 6. Les receveurs, dépositaires ou administrateurs seront tenus de délivrer sur la demande du saisissant, un certificat qui tiendra lieu, en ce qui les concerne, de tous autres actes et formalités prescrites à l'égard des tiers saisis, par le titre 20 du livre 3 du code de procédure civile.

» S'il n'est rien dû au saisi, le certificat l'énoncera ;

» Si la somme due au saisi est liquidée, le certificat en déclarera le montant.

» Si elle n'est pas liquidée le certificat l'exprimera.

» 7. Dans le cas où il serait survenu des saisies-arrêts ou oppositions sur la même partie et pour le même objet, les receveurs, dépositaires ou administrateurs seront tenus, dans les certificats qui leur seront demandés, de faire mention desdites saisies-arrêts ou oppositions et de désigner les noms et élection de domicile des saisissans, et les causes desdites saisies-arrêts ou oppositions.

» 8. S'il survient de nouvelles saisies-arrêts ou oppositions depuis la délivrance d'un certificat, les receveurs, dépositaires ou administrateurs seront tenus, sur la demande qui leur en sera faite, d'en

taires ou leurs représentans veulent rentrer en possession desdits biens, moyennant la remise à l'établissement détenteur, d'une inscription de rentes 3 pour cent dont le capital sera égal au montant de l'estimation due aux réclamans à titre d'indemnité. L. 17.

L'ancien propriétaire ou ses représentans feront connaître au préfet de la situation des biens, aussitôt après la liquidation de leur indemnité, l'intention où ils sont de rentrer en possession desdits biens, dont ils indiqueront la nature et le détenteur actuel : ils produiront en même temps la décision de la commission sur l'indemnité liquidée à leur profit.

58. Communication de leur réclamation sera donnée à l'administration de l'établissement détenteur, laquelle vérifiera si elle possède à titre provisoire, et dans ce cas prendra une délibération conforme aux intentions du réclamant, et la transmettra au préfet avec une copie duement certifiée de l'acte de conscession provisoire.

Après examen des pièces à lui adressées, le préfet prendra, sauf l'approbation du ministre de l'intérieur, un arrêté à l'effet d'ordonner la remise des biens-fonds aux ayant-droit, mais sous la réserve qu'elle ne sera effectuée que lorsque l'hospice aura reçu l'inscription de la rente qui lui est attribuée.

59. En cas de contestation sur le titre, et si l'adminis-

---

fournir un extrait contenant pareillement les noms et élection de domicile des saisissans, et les causes desdites saisies-arrêts ou oppositions.

» 9. Tout receveur, dépositaire ou administrateur de caisses ou de deniers publics entre les mains duquel il existera une saisie-arrêt ou opposition sur une partie prenante, ne pourra vider les mains sans le consentement des parties intéressées, ou sans y être autorisé par justice. »

tration de l'établissement prétend ne pas jouir à titre provisoire, la contestation sera portée devant le ministre de l'intérieur, sauf le recours devant nous en notre conseil-d'Etat.

60. Les préfets feront imprimer la présente ordonnance au recueil des actes administratifs, et ils y joindront le tableau de dépréciation des assignats et des mandats, qui a été dressé dans chaque département, en exécution de la loi du 23 juin 1797 (5 messidor an 5). L. 2. 3. 4.

61. Conformément à la loi du 26 frimaire an 8, relative aux actes à produire pour la liquidation de la dette publique, les actes sous seing-privé, tendant uniquement à la liquidation de l'indemnité et en tant qu'ils serviront aux opérations de la liquidation, sont dispensés de la formalité du timbre et de l'enregistrement. Les actes des administrations et ceux de la commission de liquidation sont dispensés des mêmes formalités. L. 7. 22.

62. Conformément à l'art. 9 de la loi du 17 floréal an 7, relative au paiement de la dette publique, l'indemnité sera liquidée en francs, c'est-à-dire un franc par livre sans modification ni réduction.

63. Notre ministre secrétaire d'Etat des finances est chargé de l'exécution de la présente ordonnance, qui sera insérée au *Bulletin des Lois*.

Donné à Paris, au château des Tuileries, le 1er jour du mois de mai de l'an de grâce 1825, et de notre règne le premier.

CHARLES.

Par le Roi,

Le ministre secrétaire-d'Etat des finances,

J.H. DE VILLÈLE.

Département d

Registre des demandes en indemnité parvenues à la préfecture du département, servant à constater l'époque de la présentation des demandes et la suite donnée à chaque affaire.

Le présent registre, ouvert en exécution de l'art. 20 de la loi du 27 avril 1825, et contenant feuillets, celui-ci compris, a été coté et paraphé par nous secrétaire-général de la préfecture du département d conformément aux dispositions de l'art. 3 de l'ordonnance du roi en date du 1er mai 1825.

A l'hôtel de la préfecture, le 1825.

DEMANDES EN INDEMNITÉS.

DATE et NUMÉRO de l'enregistrement.	NOMS ET PRÉNOMS du PROPRIÉTAIRE dépossédé.	RÉCLAMANS.		PIÈCES jointes à l'appui de la demande, et date de la transmission au directeur des domaines.
		NOMS, PRÉNOMS et domicile élu dans le département.	QUALITÉ sur laquelle la demande est fondée.	

SUITE ET RÉSULTAT DES DEMANDES.

		REMARQUES et observations.
Résultat du bordereau par le directeur des domaines. Ordonnance art.	Nombre des pièces jointes. . . . . . Montant brut de l'indemnité. . . . . Passif à déduire d'après l'état de déduction transmis par le directeur-général de l'administration des domaines. . . . . Résultat. . . . . Date de la réception du bordereau à la préfecture.	
Communication du bordereau aux réclamans. Ordonnance art.	Date de l'envoi par le préfet au réclamant. Date de la réception à la préfecture des mémoires et observations adressées par les réclamans.	
Avis du conseil de préfecture. Ordonnance art.	Date des avis du conseil. Date de la communication aux parties. Date de l'envoi au ministre, et indication des pièces jointes.	
Liquidation par la Commission. Ordonnance art.	Date des décisions intervenues. Résultat en rente de la liquidation. Date de la notification aux réclamans. Date de la réception à la préfecture des déclarations à faire par les réclamans. Date de la transmission de ces déclarations au ministre.	

Vu pour être annexé à l'ordonnance du Roi, en date du 1er mai 1825.

Le ministre secrétaire-d'état des finances,

JH. DE VILLÈLE.

(Moniteur du 9 mai 1825.)

ORDONNANCE DU ROI

Portant nomination des Membres de la Commission chargée de la liquidation de l'indemnité.

CHARLES, etc.

Art. 1er. Sont nommés membres de la commission chargée de la liquidation de l'indemnité due aux Français dont les biens-fonds ont été confisqués et vendus révolutionnairement :

Notre cousin, le maréchal duc de Tarente, président ; les sieurs : marquis de Lally-Tolendal, ministre d'Etat ; comte de Vaublanc, *id.* ; comte Dupont, *id.* ; comte Beugnot, *id.* ; duc de Narbonne-Pelet, *id.* ; duc de Brissac, pair de France ; Vicomte Dambray, *id.* ; comte de Laforest, *id.* ; comte d'Haubersart, *id.* ; comte de Breteuil, *id.* ; Calemart-Lafayette, député ; Dufougeray, *id.* ; Fouquier-Long, *id.* ; Ollivier, *id.* ; Maquillé, *id.* ; de Blaire, conseiller d'Etat ; chevalier de Brevannes, *id.* ; de Vérigny, *id.* ; marquis de Saint-Géry, *id.* ; baron de Fréville, *id.* ; baron de Guilhermy, *id.* ; Henri Longuève, *id.* ; de la Porte-Lalanne, *id.* ; Dupleix de Mézy, *id.* ; baron Camus-Dumartroy, *id.*

2. Conformément aux dispositions de notre ordonnance du 1er de ce mois, la Commission sera divisée en cinq sections composées chacune comme suit :

Première Section. — Les sieurs : Marquis de Lally-Tolendal, président ; comte de Laforest, Ollivier, de Vérigny, baron de Guilhermy.

Deuxième Section. — Les sieurs comte Dupont, président ; duc de Brissac, Dufougèray, chevalier de Brevannes, de la Porte Lalanne.

Troisième Section. — Les sieurs comte de Vaublanc, président ; vicomte Dambray, Fouquier-Long, marquis de Saint-Géry, Henry de Longuève.

Quatrième Section. — Les sieurs comte Beugnot, président ; comte de Breteuil, de Maquillé, baron de Fréville, Dupleix de Mézy.

Cinquième Section. — Les sieurs duc de Narbonne-Pelet, président ; comte d'Haubersart, Calemard-Lafayette, de Blaire, baron Camus-Dumartroy.

3. L'examen des liquidations opérées dans les départemens sera réparti entre les sections, suivant l'ordre de service établi dans l'administration centrale des domaines. En conséquence :

La première section prononcera sur toutes les liquidations opérées dans les dép. de l'Aube, Eure et Loir, Marne, Seine, Seine et Marne, Seine et Oise, Yonne, Indre et Loire, Loir et Cher, Loiret, Cher, Indre, Nièvre.

La seconde, sur les liquidations des dép. de l'Aisne, Oise, Somme, Eure, Seine-Inférieure, Calvados, Manche, Orne, Maine et Loire, Mayenne, Sarthe, Côte-du-Nord, Finistère, Ille et Vilaine, Loire-Inférieure et Morbihan.

La troisième, sur les liquidations des dép. de la Charente-Inférieure, Deux-Sèvres, Vendée, Vienne, Charente, Dordogne, Gironde, Gers, Lot, Lot et Garonne, Landes, Basses-Pyrénées, Hautes-Pyrénées, Arriége, Haute-Garonne, Tarn, Tarn et Garonne, Aude, Aveyron, Hérault, et Pyrénées Orientales.

La quatrième, sur les liquidations des dép. de Côte-d'Or, Haute-Marne, Saône et Loire, Doubs, Jura, Haute-Saône, Meurthe, Meuse, Vosges, Ardennes, Moselle, Bas-Rhin, Haut-Rhin, Nord, et Pas-de-Calais.

La cinquième, sur les liquidations des dép. de Corrèze, Creuse, Haute-Vienne, Allier, Cantal, Haute-Loire, Puy-de-Dôme, Ain, Loire, Rhône, Hautes-Alpes, Drôme, Isère, Ardèche, Gard, Lozère, Vaucluse, Basses-Alpes, Bouches-du-Rhône, Var, et Corse.

4. Les dispositions contenues au précédent article ne feront pas obstacle à ce que les bordereaux formés au nom d'un même ayant-droit dans plusieurs départemens qui sont attribués à diverses sections, ne soient compris dans une seule liquidation. Dans ce cas, ils seront soumis à celle des sections, qui, à raison de la situation des biens-fonds donnant ouverture à l'indemnité, était appelée à connaître de la plus forte réclamation.

5. Les membres de la Commission, composant le service ordinaire de notre conseil d'Etat, s'abstiendront de prendre part aux délibérations du conseil d'Etat dans les affaires où ils auront déjà émis une opinion en leur qualité de membres de la Commission. Les maîtres des requêtes ne pourront également être nommés rapporteurs auprès du conseil d'Etat dans les affaires dont ils auront connu devant la Commission de liquidation.

Le sieur vicomte Harmand d'Abancourt, membre de la chambre des députés, maître des requêtes en notre conseil d'Etat, est nommé secrétaire-général de la Commission de liquidation. Les secrétaires-adjoints seront nommés par notre ministre des finances.

DEMANDE EN INDEMNITÉ.

(Loi art. 8. Ordon. art. 6. 7. 16.)

A Monsieur le préfet du département d.... (*celui de la situation des biens.*)

Monsieur le préfet,

Le Sr. (*noms et prénoms, profession et demeure de l'ancien propriétaire*) élisant domicile dans.... (*un lieu du département de la situation des biens*) a l'honneur de vous exposer qu'en exécution des lois sur les émigrés, les déportés et les condamnés, ses biens situés dans la commune de...., canton de..., et consistant... (*en donner note sommaire*), furent confisqués et aliénés par l'État. Que cette confiscation eut lieu sous ses noms et prénoms, et que depuis cette époque il n'est point rentré en la possession desdits biens.

En conséquence, vu l'extrait de son acte de naissance en due forme, et l'acte de notoriété dressé conformément à la loi; vu aussi la loi du 27 avril 1825, relative à l'indemnité accordée aux émigrés, condamnés et déportés, ensemble l'ordonnance d'exécution du 1er mai suivant.

L'exposant vous supplie, M. le préfet, et au besoin, vous requiert, de recevoir la réclamation qu'il forme de l'indemnité lui revenant; en conséquence de porter sa demande sur le registre, et de constater cette inscription dans un extrait régulièrement certifié dudit registre qu'il vous plaira lui délivrer, pour en suite être procédé à la liquidation de l'indemnité par qui il appartiendra.

A l'appui de la présente, l'exposant produit 1°..., 2°...

Fait à.... le....

Nota. La formule ci-dessus peut, au moyen de quelques changemens, servir pour toutes les demandes en indemnité.

MODELE D'OPPOSITION

A la délivrance de l'inscription de rente trois pour cent.

(Loi d'indemnité, art. 18. — Ord. d'exéc. art. 56. — Lois des 19 février 1792 et 30 mai 1793. — Décret du 18 août 1807, — Cod. Procéd. art. 519.)

L'an..... et le..... du mois de..... à.... heure du.... je soussigné (*immatricule de l'huissier.*)

A la requête de M. (*noms, prénoms et profession du créancier*), demeurant à... qui élit domicile à l'effet des présentes, à Paris chez M... (*nom et prof. de la personne; indiquer la rue et le n°;* pour sûreté, conservation, et avoir paiement de la somme de... qui lui est due (*si c'est en reste de plus forte, l'exprimer*), par M. (*noms, prénoms, profes. et demeure du débiteur; s'il est représenté par des ayant-droits, énoncer en quelle qualité ils le représentent, si comme héritiers naturels, légataires, etc.* En vertu de.... (*énoncer les titres de créance par la nature et la date. S'ils sont sous-seing privé, en relater l'enregistrement.* En vertu encore de l'art. 18 de la loi du 27 avril 1825, relative à l'indemnité accordée aux émigrés, déportés et condamnés, j'ai saisi et arrêté entre les mains de Son Excellence le ministre des finances, et spécialement dans le bureau des oppositions établi près son département, les sommes dues ou appartenant audit M. (*débiteur saisi*) notamment celles lui revenant à titre d'indemnité, aux termes de la loi précitée, en quoiqu'elles consistent, en principal et accessoires, jusques et à concurrence néanmoins de celles dues au requérant et ci-devant énoncées, sans préjudice d'autres poursuites et demandes, s'il y a lieu ; faisant expresse défense à Son Excel. monseigneur le ministre, au bureau susdit, de s'en dessaisir, au préjudice de la présente, en conséquence de délivrer au saisi les inscriptions de rente représentatives de son indemnité, à peine de tout ce que droit (*si l'on veut demander le certificat de déclaration, ajouter ici*), avec invitation, et au besoin, sommation de délivrer au requérant le certificat tenant lieu de déclaration affirmative, aux termes de l'art. 6 du décret du 18 août 1807. — A l'effet de ce dessus, j'ai laissé à monseigneur le ministre, et au même bureau, copie des titres et créances sus-énoncés, et du présent exploit, en parlant à M.... qui a visé l'original.

Nota. Si le préposé au bureau ne veut viser l'original, s'adresser au procureur du Roi du tribunal de première instance de Paris, qui, dans ce cas, doit donner lui-même le visa (art. 5 dud. décret).

DEMANDE

En déclaration affirmative, par exploit séparé.

(Décret du 18 août 1807, art. 6. — Cod. Procéd. art. 569.)

L'an, etc..., à la requête de M. (*comme en l'opposition*) en conséquence de la saisie-arrêt ou opposition faite par exploit de M..., huissier, le.... pour le requérant contre M... (*débiteur saisi comme en l'opposition*), sur les sommes lui revenant d'après la loi de l'indemnité du 27 avril 1825, dans les mains de S. Exc. le ministre des finances, en son bureau spécial des oppositions, et en vertu de l'art. 5 du décret du 18 août 1807, j'ai invité, et au besoin sommé S. Exc. au bureau susdit de délivrer au requérant, conformément à la loi, un certificat tenant lieu de déclaration affirmative pour les sommes saisies, protestant à cet effet de tout ce que de droit. — Laissé copie du présent exploit à S. Exc. au susdit bureau, en parlant à... qui a visé l'original.

ASSIGNATION

En validité de l'opposition.

(Cod. Procéd. art. 563. 567.)

L'an....

A la requête de M... (*comme en l'opposition*), lequel constitue Me. (*le nom*) pour son avoué, à l'effet des présentes, j'ai dénoncé à M... (*le débiteur saisi*) la saisie-arrêt ou opposition sur les sommes lui revenant à titre d'indemnité d'après la loi du 27 avril 1825, faite entre les mains de S. Excellence le ministre des finances en son bureau spécial des oppositions, par exploit de..., huissier en date du..... enregistré.

En conséquence, j'ai assigné ledit M. (*le débiteur saisi*), à comparaître dans la huitaine, outre le délai à raison des distances, par devant le tribunal de première instance séant à (*celui de l'arrondissement du débiteur saisi*), pour voir déclarer bonne et valable ladite saisie-arrêt; voir ordonner que les sommes saisies-arrêtées seront délivrées au requérant jusques et à concurrence de celles qui lui sont dues ou distribuées, s'il y a lieu, conformément à la loi, avec dépens, sans préjudice d'autres poursuites. Laissé audit M. (*le débiteur saisi*), copie de ladite saisie-arrêt et du présent exploit, en parlant à....

FIN.

ERRATA.

Page 8 de l'introduction, ligne 16, *au lieu de* contenait quelques exceptions, *lisez* : et contenait quelques exceptions.

Page 18, ligne 7, *au lieu de* c'est peut de chose *lisez* : c'est peu de chose.

Page 28, ligne 7, *au lieu de* ceux du projet, *lisez* : à ceux du projet.

Page 69, ligne 22, *au lieu de* la loi du 5 décembre 1816, *lisez* : la loi du 5 décembre 1814.

Page 93, ligne dernière, *au lieu de* ui auraient, *lisez* : qui auraient.

Page 94, ligne 10, *au lieu de* récréminations, *lisez* récriminations.

Page *id.*, lignes 50 et 31, *au lieu de* ou le Toulonnais, royalistes émigrés, *lisez* : ou le Toulonnais royaliste, émigrés.

Page 97, ligne 26, *au lieu de* avec tous antécédens, *lisez* : avec tous ces antécédens.

Page 107, lignes 11 et 12, *au lieu de* les intérêts des créances considérées, *lisez* : les intérêts des créances considérés... sont donc dus, *au lieu de* sont donc dues.

Page 109, ligne dernière, *au lieu de* que juste, quand, *lisez* : que, juste quand.

Page 133, ligne 27, *au lieu de* entre l'état, *lisez* : contre l'état.

Page 166, *au lieu de* j'ai saisi et arrêté, *lisez*, j'ai saisi-arrêté.

www.ingramcontent.com/pod-product-compliance
Ingram Content Group UK Ltd.
Pitfield, Milton Keynes, MK11 3LW, UK
UKHW022059190726
13855UKWH00002B/556

9 782012 979420